EMMANUEL MACRON

un jeune homme si parfait

エマニュエル・マクロン

フランス大統領に上り詰めた完璧な青年

アンヌ・フルダ 著 加藤かおり 訳

プレジデント社

エマニュエル・マクロン

――フランス大統領に上り詰めた完璧な青年

Anne Fulda:
Emmanuel Macron,
un jeune homme si parfait

装幀：秦 浩司（hatagram）

ジュリエットとトマへ

「大統領を目指している以上、私はあなた方を理解した。
そして、あなた方を愛している」

エマニュエル・マクロン
二〇一七年二月一八日、トゥーロンで開催された選挙集会にて

エマニュエル・マクロン――フランス大統領に上り詰めた完璧な青年

目次

主な登場人物

［マクロン家］

エマニュエル・マクロン……フランス共和国大統領（第五共和政・第二五代）
ブリジット・マクロン……エマニュエルの妻。元高校教師
ジャン＝ミシェル・マクロン……エマニュエルの実父。神経科医
フランソワーズ・ノゲス＝マクロン……エマニュエルの実母。医師
ジェルメーヌ・ノゲス……エマニュエルの祖母。元教師

［政界・官界］

フランソワ・オランド……前大統領（第五共和政・第二四代）
ニコラ・サルコジ……元大統領（第五共和政・第二三代）
フランソワ・フィヨン……元首相（第五共和政・第一九代）
ジャン＝ピエール・ジュイエ……高級官僚、政治家
ローラン・ファビウス……元首相（第五共和政・第九代）
ミシェル・ロカール……元首相（第五共和政・第一一代）
ジャック・アタリ……欧州復興銀行元総裁
アラン・ジュペ……元首相（第五共和政・第一五代）

［学会］

ポール・リクール……哲学者。元パリ第一〇大学教授

［実業界］

フランソワ・アンロ……ロチルド銀行副頭取

セルジュ・ヴァンヴェール……製薬大手サノフィ社会長

ジャン＝ミシェル・ダロウ……ビジネス弁護士

アンリ・エルマン……元実業家。進歩的左派のメセナ活動家

ダヴィド・ド・ロチルド……パリ・ロチルド家第五代当主

グザヴィエ・ニエル……ＩＴ起業家

マチュー・ピガス……フランスを率いる投資銀行家

［マスコミ界］

ステファン・ベルン……ジャーナリスト。テレビ、ラジオの司会者

ミシェル・マルシャン……セレブ雑誌界の〝陰の女帝〟

・凡例：本文中、［　］（ブラケット）で囲われた小さい文字列は、フランス語の原文には存在していなかったが、本文をより分かりやすくするために付け加えた内容である。

・同書は、「追記」を除き、エマニュエル・マクロンの大統領就任前に書かれたものである。

プロローグ

そして〝マニュ〟は夢を見た……

多面性のある野心家

「エマニュエル・マクロン？　彼はなんだか〝突然変異体《ミュータント》〟っぽいよな」

突然変異体。マクロンをそう形容したのは、〝変異〟について一家言ある作家、ミシェル・ウエルベックだ。『素粒子』などの作品で知られるウエルベックは二〇一七年一月、フランソワ・オランドの後任を決める同年春の大統領選挙にいつの間にか参入していたマクロンについて尋ねられ、当惑した表情で答えた。

「おかしな話だよ。彼がどこから出てきたのか、誰も知らないのだから」

そしてこう続けた。

「彼にインタビューしようとしたんだが……。口のうまいやつから何かを、何か真実を引き出すのは、はっきりいって至難の業だ」[*1]

ここでもウエルベックの言葉は核心をついている。人好きのする笑顔と、いかにもフランスの名だたるエリート校で学んだ高級官僚《テクノクラート》といったつるりとスマートな外見をもつマクロンは、どうにも捉えどころがない、多面性のある人物なのだ。私生活を公表することには慎重だが、利用できると判断した情報は気前よくどんどん出してくる。実のところ、誰も彼のことをよく知らない。友人もほとんどいない。

妻ブリジットは、「エマニュエルをみんなは必要としているけれど、彼は誰をも必要としていません。誰も彼の領域に立ち入ることはできません。彼は他人《ひと》とのあいだに距離を置こうとするのです」と説明する[*2]。

経済・産業・デジタル大臣（以下：経済大臣）を務めたこともあるエマニュエル・マクロンは、これほどスポットライトを浴びながらも謎の部分、隠された何かをもっている。彼はまるで騙し絵でできた建物、不確かな土台にのった建築物のようで、これまでの歩みのすべてが明白な野心のために利用されているかに見える。野心を実現するためには、過去が手直しされ、美化されてもかまわないといわんばかりに。

抜きん出た才能を認められる

〝突然変異体《ミュータント》〟マクロンは、静かにそっと姿を現した。そして、少しずつメディアでとり上げられるようになった。

二〇一二年に大統領府（エリゼ宮）の副事務総長に抜擢されたときは爽やかで感じのよい、落ち着いたテクノクラート然とした顔で写真に収まり、大統領府（エリゼ宮）に設けられた専用の執務室で、背広を脱いだワイシャツ姿でポーズをとった。

欧州の超一流プライベートバンクであるロチルド（英名：ロスチャイルド）系投資銀行（以下：ロチルド銀行）に勤めていた経歴をもつマクロンの名は、すぐに権力の中枢やメディア関係者のあいだでささやかれるようになった。

誰もがその人物像を把握し、近いうちに間違いなくこの国のキーパーソンとなるであろうこの人物に近づこうとした。輝かしい知性をそなえ、すこぶる愛想がよく、とても気さくで、おまけに思索家でもあるマクロンに。

誰もが彼の連絡先を手に入れようと躍起になり、「〝マニュ〟と電話で話したんだがね」と口にするのが最高にクールな流行となった。

マクロンは証券取引所〈ユーロネクスト・パリ〉の〈CAC40〉［同取引所の上場銘柄のうち、時価総額上位四〇銘柄を選出して構成される時価総額加重平均型株価指数〕に入っている企業のトップ、ジャーナリスト、政治家などさまざまな人と夜遅くまで付き合った。だが、彼らはマクロンがいったいどんな人物なのか、すぐにはわからなかった。そしてそのほとんどが、いまだに理解できずにいる。

マクロンはここ数年のあいだにオランド大統領をはじめとするさまざまな人物に、誰の目にも明らかなその抜きん出た才能を認められ、権力の頂点への近道となる短い梯子《はしご》をかけてもらった。だが、彼はそうしたすべての人に対して、映画『イヴの総《すべ》て』でアン・バクスター演じるイヴが、ベティ・デイヴィス演じるマーゴに対してしたのと同じやり方で振る舞った〔映画の中でイヴは、自分に目をかけてくれたマーゴを踏み台にしてスターの座に就く〕。

マクロンは目を凝らしてじっくりと、体制《システム》を観察した。そして周囲の人々にとって、必要不可欠な存在になった。だが、誰ともべったり親密な関係にはならなかった。彼はシステムの中枢に入り込んだが、そこでとり込まれることなく独立した存在であり続けた。いざというときに、うまくするりと抜け出られるように。そして大胆にもシステムに反旗を掲げ、次期大統領選に出馬した。

大統領選の候補者

大統領選の候補者としてマクロンは、フランス国民の声にひたすら耳を傾け、共感を寄せる。つまり、それまで彼を導き助言してくれた代父《パラン》のような存在の人々に対してしてきたのと同じやり方で国民に接しているのだ。

マクロンを支持する人は、彼を〝スポンジ〟になぞらえる。一方、国立行政学院《ENA》［大学とは別に置かれているフランス独自の最高エリート養成機関グランゼコールの一つで、高級官僚の養成を目的とする］時代の〝友人〟は、「何でもかんでも吸いとる蛭《ひる》みたいなやつさ」と少々露骨な言葉で評し、「本心を顔に出さない男」と説明し、オランドと同様、愛想のいいうわべの裏側に強固な鋼《はがね》のような芯を隠しもっていると分析する。

マクロンは鋼のような芯だけでなく、驚くほど巧みに時間を管理する能力もそなえている。彼が不意をつかれることはない。おそらく、慌てたことすらないのではないか。ほかの人のために時間を割く準備がいつでも整っているのだ。まるでそれが愛や思いやりの証だとでもいうように。それは数ある彼の魅力の一つだ。その姿はまるで、オスカー・ワイルドのこの言葉、「自分の人生《ヴィ》にさらなる歳月を加えようとするのではなく、自分に与えられた歳月に命《ヴィ》を加えようとするべきだ」を実践しようとしている永遠の少年のようだ。

つねに〝選ばれし者〟

　彼の人生？　彼はずいぶん前から壮大な人生を夢見てきた。だが、偉大な夢は心の中だけに収めてきた。「大きくなったらフランス大統領かローマ法王になる」などと両親に宣言したことはない。しかし、自分は人とは違う非凡な人生を歩むのだという信念を、ごく早いうちから胸の内に強く抱くようになっていた。特別な絆で結ばれた祖母の厳しい愛に育まれ、まずはその祖母の、次いで妻ブリジットの彼を見つめるまなざしに力と自信を得たこの青年は、颯爽《さっそう》と軽やかな足取りで人生を歩みながら徐々に野心をあらわにしてきた。

　フランスの政界でおなじみの闘鶏のような権力争いを経験することもなく、しかも数々の障害を乗り越え、人妻で三人の子をもつ二四歳年上のブリジットを〝手に入れる〟ことのできた自分には、フランスを〝手に入れる〟ことも可能だと国民の潜在意識に刷り込みながら。つまり彼は私たちに、この禁断の愛を成就させるほどの決意と勇気をもち合わせた人物であれば、大統領選でも常識を打ち破り、フランスを〝征服〟できないはずがないと思わせようとしているのだ。

　彼をよく知る者、あるいはよく知っていると思い込んでいる者はみな、彼の中には確固とした決意があることにずいぶん前から気づいている。そこにはかすかな優越感、自分の運命に対する揺るぎない自信、心の奥深くに巧妙に隠されている自己中心的傾向の表れのようなものも交じっている。

マクロンは子どもの頃からつねに〝選ばれし者〟だった。いつでもどこでも選ばれ、指名され、一番だと認められてきた。彼はいつも――あるいはほとんどいつも――、自分に注がれるまなざしの中に賞賛と励ましと厚意を見出してきた。彼と一緒に働いたことのある銀行家はいう。

「彼はケネディとジェラール・フィリップ［一九五〇年代に人気を博したフランスの二枚目俳優］を足して二で割ったようなやつだ」

二〇一七年二月五日の日曜日、パリ・ポンピドゥーセンター内にある公共情報図書館でマクロンとすれ違った若い女性は、政治運動〈前進！《アン・マルシュ》〉を率いるこの大統領選候補者に「あなたはナポレオンみたい！《ユー・ルック・ライク・ナポレオン》」と声をかけた。彼はその言葉に微笑《ほほえ》むだけで異を唱えなかった。

もしかしたら彼は、〈アルコレの戦い〉［フランス革命期の一七九六年、ナポレオン率いるフランス軍がイタリア・ヴェローナ近郊のアルコレでオーストリア軍を破った戦い］に勝利した英雄ナポレオンのこの言葉に深く納得しているのかもしれない――「天才とは、時代を照らすためにわが身を燃やす運命《さだめ》にある流星だ……」。

第一章

〝神の子〟

待ち望まれた子ども

エマニュエル・マクロンは、ジスカール・デスタンが大統領だった一九七七年に生まれた。その年の一月、誘拐され、二年間チャドで拘束されていたフランソワーズ・クロストル［一九三七〜二〇〇六。フランス人民俗学者］が解放された。

さらに同年、ポンピドゥーセンターが開館し、ジャック・シラクがパリ市長に当選した。コンコルド旅客機が初めてパリ〜ニューヨーク間を飛び、ジャック・プレヴェール［詩人、映画作家、作詞家］、ウラジミール・ナボコフ、グルーチョ・マルクス［コメディ俳優マルクス兄弟の三男］、エルヴィス・プレスリー、そしてチャーリー・チャップリンが亡くなった。その一九七七年の一二月二一日、フランス北部の町アミアンで、エマニュエル・ジャン＝ミシェル・フレデリック・マクロンは誕生した。中央アフリカ共和国の大統領、ジャン＝ベデル・ボカサが国名を〈中央アフリカ帝国〉と改称し、皇帝を名乗るようになってすぐのことだ。

エマニュエル自身は、皇冠を頭にのせ、皇杖を手にして生まれてきたわけではない。だが、そんなふうに生まれ落ちたのと大差なかった。待ち望まれた子どもだったからだ。それも熱烈に。

子どもの誕生を待つ両親の胸には、喜びとともに恐れも入り交じっていた。無理もない。両親にとってエマニュエルは、最初の子の死産から一年ほどで生まれてきた子だったからだ。第一子は女の子で、命名される間もなく亡くなり、葬儀もしなかった。母親はその子の喪に服することもできなかった。母親自身が敗血症で「命を落とす」ところだったのだ。

ヘブライ語が由来〝エマニュエル〟

このつらい思い出はさておき、一九七七年一二月二一日一〇時四〇分、新たな命が誕生した。フランソワーズとジャン＝ミシェルのマクロン夫妻はふたたび人生に喜びを見出し、あふれんばかりの幸せを噛《か》みしめ、生まれてきた子に〝エマニュエル〟と名付けた。

「なぜその名を?」と尋ねると、父親はいった。

「何となくそう決まったんだ。きれいな名前だと思ってね」＊1

両親は病室にやってきた司祭から、〝エマニュエル〟という名前はヘブライ語から来ていて、〝神の息子〟という意味だと教えられた（紀元前七世紀、預言者イザヤは〝インマヌエル〟という名の救世主の誕生を予告した）……。

神の子……ぴったりではないか。母フランソワーズ・ノゲス＝マクロンはクリスチャンではなかったが、司祭の説明を聞き、この子は天からの贈り物だと考えた。

「エマニュエルの誕生は私にとって、あのつらい悲しみを経たあとに訪れた大きな喜びでした」＊2

フランソワーズは親族の一人に当時、「この子は使命をもって生まれてきたのも同然よ」と語ったという＊3。

〝使命〟とはこれまた精神分析医を目指す学生たちが飛びつき、したり顔でうなずくような意味深長な言葉ではないか。なるほど、政治運動〈前進《アン・マルシュ》！〉を率いるこの大統領選候補者には、こんな神秘な側面があったのか。ほら、キリストだって水の上を前進したわけだし、と……。

もちろん、そうした説明は魅力的だ。また、幼いエマニュエルが姿の見えない死んだ姉の存在をつねに感じながら育ったと結論づけることも、さらには彼が愛を得るため、両親に亡き姉の存在を忘れさせることを何よりも強く望み、だからこそできる限り優秀になろうと努力した、という解釈もしたくなる。

だが、そんな解釈は的外れだ。

母フランソワーズと彼女の前夫（エマニュエルの両親は一九九九年に別居し、二〇一〇年に離婚した）はともに医師だった。だから二人は当時、この問題について専門の医師に相談した。そしてその結果、第一子の死という悲劇を子どもたちに包み隠さず伝えることにした。だからエマニュエルと弟ローラン、妹エステルは幼少時からその事実を知っていた。つまりエマニュエルにとって第一子の死は秘密でも何でもなく、死んだ姉は彼にひそやかな影を落とすような存在ではなかったのだ。

「ああ、そうか、死産のあとに生まれた子は過保護になるっていいたいんだな。でも、うちにはあてはまらないと思うよ」と父親のジャン＝ミシェルは、精神分析学の紋切り型の解釈をもち出しても私には通用しないぞ、とでもいいたげな強い口調で断言した。

「確かに不幸な出来事だったが、人生、やらなければならないことがたくさんあった。悲しみが消えることはないが、日々を忙しく過ごす中で生きていく力を得た」

とはいえ当時を振り返り、最初の子の死は「私より妻にとって大変に深刻な打撃だった」と認めている。

「人生の新しいページをめくろうと、できることは何でもした」＊4

神経科医のジャン＝ミシェルは医学生になったばかりの頃、精神科医を目指していた。だが、精神科が行う医療の中身に幻滅し、進路を変えたという。

〈五月革命〉と両親

エマニュエルの両親は、ともに二〇代の医学生だったときに知り合った。フランソワーズによれば、神経外科のクラスで一緒だったのがきっかけだった。

二人はすぐに惹かれ合った。一九七四年のことで、その年、ヴァレリー・ジスカール・デスタンが大統領選に勝利した。四八歳での大統領選出は、当時史上三番目に若い記録だった。六八年の〈五月革命〉［パリの学生、労働者、改革派市民を中心とした反体制運動。学生運動から労働組合のゼネストへと発展し政治危機が生まれたが、ド・ゴール大統領が総選挙を実施して大勝、事態が収拾された」から六年を経て就任したこの若き大統領は、成人年齢の一八歳への引き下げや中絶の合法化といった改革を推し進め、フランス社会に少しばかり軽やかな風を吹き込んだ。

ジャン＝ミシェルとフランソワーズはすぐに一緒に住みはじめた。そしてその勢いのまま結婚を決め、一九七五年、教会で結婚式を挙げた。そのときフランソワーズは、妊娠四カ月だった。

「ジャン＝ミシェルは不可知論者［神の存在や本質は認識できないとする哲学上の立場をとる人々］だけど、自分の家族と私を喜ばせるため、教会での式に同意したんです」

〈五月革命〉を経たばかりだったので、二人の自由な振る舞いに眉を顰《ひそ》める人はいなかった。

フランソワーズ自身も不可知論者だったので、三人の子を教会には通わせなかった。そもそも子どもたちの誰一人、誕生時に洗礼を受けていない。エマニュエルは一二歳のとき、自発的にクリスチャンになった。ある日、「聖体拝領を受けたい」と両親に訴え、代母《マレンヌ》に母方の祖母ジェルメーヌ・ノゲスを、代父《パラン》におじ、つまり母の兄弟をみずから指名したのだ。母フランソワーズによれば、エマニュエルはキリスト教を熱心に学んだが、父親が宗教を毛嫌いしていたので家で学習することはなかったらしい。エマニュエル・マクロン本人は、「私が最初に信仰にのめり込んだ時期は何年も続いた」と述べている*5。

フランソワーズもジャン＝ミシェルも一九六八年の〈五月革命〉のデモに参加した。フランソワーズは中等教育の第五学年まで女子校で学び、大学入学資格《バカロレア》を取得してアミアンの若者たちと通りを闊歩した。

ジャン＝ミシェルは、「解放感あふれる盛大な祭りだった」と当時を振り返る。だが、その後は大きな失望を味わい、一九八一年にミッテランに投票するまで政治への関心を失った。

第一子の死

というわけで、一九七六年に第一子を死産する前まで、ジャン＝ミシェルとフランソワーズは若さゆえの気楽さと、わが子の誕生を待つ歓喜に包まれていた。そして子どもを亡くすという同じ悲劇を経験した多くのカップルと同様に、この運命の一撃に打ちのめされた。それがどれほど大きな精神的混乱をもたらしたかは容易に想像がつく。何しろ幸せの絶頂から悲しみのどん底へ、一気に突き落とされたのだ。胸が引き裂かれる思いだっただろう。

「あれは悪夢だった」とジャン＝ミシェルは語る。救急隊員、サン＝タントワーヌ病院、死産だった赤ちゃん、昏睡するフランソワーズ、蘇生室、病室、そして義理の母に解体を頼むことになったベビーベッド……。

フランソワーズは名付けられることもなかったこの第一子の死から立ち直るのに何年もかかった――「それほど大きな試練でした」。

そしてエマニュエルは、両親にその子を忘れさせるという使命を負っていた。だからこそ悲劇からほぼ一年後、無事にわが子が生まれた喜びは、マクロン夫妻にとってことのほか大きかったに違いない。幸せいっぱいの二人は、エマニュエルの誕生から五日目の一九七七年一二月二五日、きちんとクリスマスを祝うことにした。

「ジャン＝ミシェルが病院に生牡蠣とシャンパンをもち込んだのよ」とフランソワーズはいう。一二月二五日はイザヤが預言した救世主インマヌエル（エマニュエル）の誕生日であり、お祝いをするにはぴったりだった。

母から注がれた愛情

もともと小児科医を目指していたフランソワーズは（小児科の医師免許は取得したが、結局、小児科医にはならなかった）、誕生したわが子――この〝神の子〟を、当然のことながらそれこそ大切に育てた。彼女は、雛《ひな》鳥を守ろうと奮闘する雌鳥《めんどり》のような母親だった。それはいまでも変わらない。いまだに毎朝、三人のわが子の居場所を確認している。

子育て中は「子どもたちのそばにいられるように」フルタイムでは働かず、勤務時間を通常の四分の三に抑えた。そしていまは〝お祖母ちゃん雌鳥〟として頑張っている。

「孫の面倒を見るためなら、外出の予定をキャンセルすることも厭いません。いつだってうちは子ども優先ですよ、いまも昔も」と彼女は、ちょっとやりすぎだったかしらと反省するような表情を浮かべて打ち明けた。

「そう、ちょっとやりすぎだったこともあるかもしれない。でも、愛情不足だったなんてことはけっしてありません」とフランソワーズは強調する。

「それだけはわかってほしいのです」

わざわざそんなふうに強調するのは、彼女が母親としての居場所をとり戻したいと願っているからだ。彼女の居場所は、あの祖母——つまり自分の母親のせいで消えてしまった。

エマニュエル・マクロンは祖母をあまりにも前面に出しすぎた。著書でも、インタビューでも、さらには選挙集会でも。息子が母親についてはひと言も触れなかったので、フランソワーズは結果的に居場所を失った。そのため、一部のジャーナリストに事実無根の話をでっち上げられることにもなった。フランソワーズと夫が、ブリジットと恋に落ちた当時一六歳のエマニュエルをパリの学校に転校させ、そのとき息子と縁を切ったという話だ。

「記事のいくつかは、あの子に両親がいないかのような書きぶりです。あんまりですよ！」

そう声を荒らげたフランソワーズからは、胸に抱える苦悩と事実を明らかにしたい、間違いなく存在した家族の暮らしについて語りたいという思いがにじみ出ていた。

自分がテニススクールやアミアン音楽院に子どもたちを〝導いた〟こと。冬に家族みんなでスキーを楽しんだこと。スキー休暇を過ごすため、初めの頃はフランソワーズの実家、ノゲス家があるフランス南西部バニェール＝ド＝ビゴールのすぐ近くのラ・モンジーに、その後はクールシュヴェルやティニュやレ・ザルクにアパルトマンを借りたこと。家族で夏のバカンスに行ったこと。行先はギリシャのクレタ島やイタリアなど。コルシカ島は何度も訪れた――アジャクシオにプロプリアノ……。

「シトロエンに乗って旅に出て、次男のローラン以外みんな具合が悪くなったのよ」

もちろん、バニェール＝ド＝ビゴールにも滞在した。幼いエマニュエルはよく祖母と勉強に勤しんだが、祖父と魚釣り競争やペタンク遊びも楽しんだ。

要するに、田舎のブルジョア家庭の典型のような暮らしを送っていた。働き者の両親が、安心して子どもたちが暮らせる温かい家庭を築こうと心を砕いている伝統的な家庭だ。それはエマニュエル・マクロンがこれまで私たちに述べてきた、まるで祖母しかいないような夢の世界とも、彼が繰り返し語ってきたストーリーとも違う。

とはいえ、母フランソワーズは忘れているようだが、マクロンは自著『Révolution（革命）』*6の中で、両親に対する感謝の言葉もほんの少しだけだが述べている。両親は、「私に勉強するよう励ましてくれた。教育を自由の学びと見なしていた」「私のことをいつも心配してくれ、時には私の試験や作文を何よりも優先してくれた。耳にするたびに私の胸を震わせるレオ・フェレの歌の歌詞、〝あまり遅くなるなよ、風邪はひくなよ〟という言葉で息子への気遣いを示した」。

優しさ、信頼、何事もきちんとしようとする意志

自分自身についてあまり語りたがらないあのマクロンが、子ども時代に何よりも「優しさ、信頼、何事もきちんとしようとする意志」を学んだと認めている。だがその一方で彼は、両親を自分の一番の導き手とは思っていない。

〝人は親を選べない、家族を選べない……〟とマキシム・ル・フォレスティエは歌ったが、マクロンは明らかに彼の夢の世界の女神として、そして自分の子ども時代、さらには成人後の人生に君臨する女王として、祖母のマネット（ジェルメーヌ・ノゲス）を選んだ。

だが、それは母フランソワーズにとっては受け入れがたいことだった。確かに存在した愛情あふれる子育てを、息子はおまけ程度にしか見なしていないのだろうか。そんな息子の見方はとうてい容認できないものだ。自分たちはあの子の親だというのに、あの子の夢の人生から排除され、その地図から消されかけている。ほかの家族も――エマニュエルの弟ローランと妹エステルも同じ扱いだ。

フランソワーズは世間があれこれ勝手に想像し、でたらめな噂《うわさ》を流すことに我慢がならない。たとえば、父親も母親も長男エマニュエルと仲違いしているとか、エマニュエルは祖母の養子になろうとしたとか、ブリジットとの恋愛騒ぎのあと親は息子を勘当したとか、はたまた、親

は二人とも他界したとか……。

確かに奇妙ではある。エマニュエル・マクロンは概して自分の子ども時代や両親についてあまり話さない。にもかかわらず、妻ブリジットとは積極的におおやけの場に登場し、夫婦で大衆誌の表紙を飾り、さらには輝かしい彫像を打ち立てるかのように、祖母を理想化して紹介することには余念がないのだから……。

喪失感を抱える母

「あの子には親がいないですって?!」

フランソワーズがそう叫ぶのを聞いて、私はある人物が口にしたある言葉を思い出した。その昔、大統領府（エリゼ宮）の組織体制を説明した記事の中でその存在にすら言及されなかったと気がついたシラク大統領の妻ベルナデットが発した、怒りのにじんだ辛辣な言葉だ。あのとき彼女は憤慨してこういった。「大統領は男やもめってわけね！」。

ベルナデットは、存在を消し去られ、無視され、夫の代わりにパリや地元コレーズ県で開催された雑多なイベント、つまらないパーティー、長々と続く農産物品評会などに出席して費やした膨大な時間のすべてをなかったことにされて、深く傷ついていた。

フランソワーズ・ノゲス＝マクロンも同じだった。彼女にとって、新聞や本で紹介されている自分の息子はまるっきり別人に思われた。とにかく、自分の知っている、あるいは知っていると思っているわが子とは違っていた。世間は彼女から息子を奪い、光沢紙に印刷された架空の人物、メディアやSNSを騒がせている人物にすり替えた。エマニュエルというあの青年は、自分の息子とは別人だ。それとも、自分があの子の真の姿を知らなかったということか……。

本当のことをいえば、フランソワーズの〝マニュ〟はもうずいぶん前にすでに彼女のもとから去っていた。だからこそ、フランソワーズは喪失感を抱えていた。彼女は、おそらく実際には一度も息子を〝所有した〟ことも、理解したこともなかったのかもしれない。

だが、彼女はいまそのことを、メディアという拡大鏡を通じてより残酷な形で知らされている。あの子は私のもとから去っていった。私たちのもとから去っていった。息子のそばにはもう、近づくことすらできない。あの子は新しい人生にすっかり絡めとられてしまった。別の世界へ旅立ってしまった。その一方で新聞や雑誌は、あの子の家族を、本人と祖母と妻ブリジットから成る三人組《トリオ》にまとめてしまっている……。

両親との時間

そもそもエマニュエル・マクロンは、すでに数年前にワンセットまるごと妻の家族を自分の家族に選んだのだ。メンバーは妻のブリジットとその子どもたち、そしてその孫たちだ。彼はだいぶ以前より生家の集まりから足が遠のくようになっていて、両親と弟妹にとっては、実際にエマニュエルに会うよりも、ニュースチャンネル〈ＢＦＭ〉でその姿を目にすることのほうが増えていた。

だからこそフランソワーズは強調する。エマニュエルが、弟ローランの双子の息子の一人の名付け親になった、その子は金髪で整った顔立ちをしていて、「幼い頃のエマニュエルにびっくりするくらいそっくりなの」と。だが実際、エマニュエルに会う機会はどんどん減っている。クリスマスのときでさえ、息子は両親の家には来なかった。彼はいつもどこか別の場所にいる。

これは、親元を離れて別の人生に忙殺され、母親以外の女性に心を奪われてしまった息子をもつ母親にありがちな愚痴だろう。だがフランソワーズの場合はそこに、世間が自分の息子に与えたイメージや、自分の存在を抹消されることを耐え難く感じている母の嘆きが加わる。

彼女は実際、世間が自分に与えた、あるいは与えてくれなかった役割について悩み、苦しんでいた。だからこそフランソワーズは、二〇一六年一二月八日、息子から誕生日のプレゼントとしてパリ一五区にあるレストランのランチに招待され、献辞入りの著書をもらったときには「ひっくり返るほど嬉しかった」のだ。

「水入らずで過ごしたあのひとときは、私にとってとても貴重でした。息子がいることに気づいたレストランのお客さんたちは、家族の時間を尊重してくれ、私たちがレストランを出るときまで、挨拶したり励ましの言葉をかけたりするのを遠慮していました」

息子のスピード出世に困惑

フランソワーズ・ノゲス＝マクロンはもちろん母として、息子の異例のスピード出世と華々しいキャリアアップを誇りに思っている。だが、これほどのことを望んだおぼえはない。彼女は困惑の表情を浮かべていた。正直にいって、いまの状況のすべてが彼女の限界を超えていた。彼女は、手に余るメディアの複雑なシステムを前にしてたじろぎ、恐怖を感じていた。

メディアは残酷で容赦のない理不尽なタコのような存在だ。食い意地の張ったこのタコは、けっして満腹することはない。息子が詮索され、分析され、微に入り細を穿つように調べられ、追いかけ回されているのを目にするだけでもつらいのに、さらにひどいことに、息子は自分の身をみずから餌としてタコに差し出している。

家族の一人が突然世間の脚光を浴びるようになると、残りの家族はその状況に慣れるのに苦労するものである。フランソワーズも同じだ。息子について報じる新聞や雑誌のさまざまな記事や本やインターネットの情報が、息子を映したポスターが、母フランソワーズにとってはまるで不法侵入のように思われた。

「見知らぬ他人が私たちの私生活にずかずか入り込んでくる気がしてなりません」

さらにそこに、いくらかの親切心を伴う友人たちからの電話攻撃が加わる。彼らはいつでも噂話を伝えたがっていて、雑誌の表紙に息子さんが出ていたなどと騒ぎ立てる。たとえば、「VSD誌の表紙にセゴレーヌ・ロワイヤル〔社会党所属の政治家。二〇〇七年の大統領選に出馬し、ニコラ・サルコジに敗れた〕と仲良く写っていたわよ！」などと。

その写真を見て世間は、エマニュエル・マクロンはミシェル・ロカール〔一九三〇～二〇一六。社会党所属の政治家。ミッテラン大統領時代に国土開発大臣、農業大臣に就任。一九八八年に首相に登用され、失業者対策、高等教育改革などで実績を残した〕、アンリ・エルマン〔一九二四～二〇一六。実業家〕、そしてオランド大統領の〝心の息子〟となったあと、今度はセゴレーヌ・ロワイヤルを母にしたなどと噂した。フランソワーズはこう嘆く。「その写真を目にしたとき思わず、〝これでまた、私たちの存在は消えてしまったってわけね〟とつぶやきましたよ」。

母は情報収集マニア

用心深くて気が回り、行動も早いフランソワーズは、息子に関するあらゆるものに目を通し、あらゆるものに目を光らせている。何一つ見逃さないように、ウェブ上の新着ニュースを知らせてくれるアラート機能をスマートフォンに設定したほどだ。彼女は情報収集マニアで、あることないこと騒ぎ立てるメディアにうんざりする日もあるが、インターネットやテレビや新聞を見ないようにすることがどうしてもできない。

エマニュエル・マクロンが同性愛者であるという噂が流れたときは息子に、「きっぱり否定しなさい！」とアドバイスした。だが、息子はこういい返した。

「だめだよ、母さん。こっちが何かいえば、こんな根も葉もない噂をかえって煽《あお》ることになるんだ」＊7

現在の状況にどうしても慣れることのできないフランソワーズの思いは自然に過去へと向かい、息子ともっと親密だった頃の日々を懐かしむ。たとえば、エマニュエルが国立行政学院《ENA》で学んでいたとき――当時はまだブリジットと結婚していなかった――、息子と二人でオペラ座に行った日のことなどだ。息子が経済大臣を務めていたときは、マクロン法案〔商店の日曜営業の拡大や長距離バス路線開設の自由化といった種々の規制緩和策から成る、経済成長と活性化のための法案〕の国民議会（下院）での審議をつぶさに追ったものだ。当時は寝る間も惜しんで議員たちの名前をおぼえ、「あの議員は公証人だから気をつけなさい〔マクロン法案には公証人の開業規制緩和策も盛り込まれていた〕」「彼はあなたを支持している」などとエマニュエルにショートメールを次々に送って注意を促した。まさに大臣補佐官顔負けの働きぶりだった……。

そんな彼女にとって、マニュエル・ヴァルス首相〔社会党所属の政治家。スペイン出身。オランド政権下で首相を務める〕が憲法第四九条第三項を発動し、同法案を国民議会での採決を経ずに通過させたことは不意討ちだった。

「あの措置にはいまだに釈然としません。議場に座るときのあの子の顔といったら、その夜のうちに大臣を辞めるんじゃないかと思ったほどです。でも、息子は思いのほか毅然としていました」

フランソワーズは心配性の母親で、いつも神経をピリピリとがらせている。その姿は、道路に飛び出したわが子に迫る自動車のヘッドライトに目を射られ、パニックになった親ウサギのようだ。

「あの子がル・トゥケ［フランス北部にある保養地］にある自宅に滞在するときはもう本当にひどい状態です。何しろ一歩も外に出られないようなありさまなんですから。誰もがすぐに息子に気づくんです」

だが、彼女にとってもっとも我慢がならないのは、メディアがこと細かに伝える、偽りと歪曲と欠落に彩られた息子の人生だ。

居場所を失った親

「小説に出てくるような人生を、メディアが勝手につくり上げたんです」とフランソワーズは嘆く。確かに彼女は、エマニュエルと祖母の——フランソワーズが〝お母さん〟と呼ぶこの祖母の——関係を否定はしない。「でも……」と彼女は憤る。

「私と夫だって息子に何らかの影響を与えたわ。家族の価値、働くことへの意欲、自由の尊重といった価値を教えたんです。あなた、お子さんはいらっしゃるの？　同じ女性だし、お子さんがいらっしゃるならわかってくださるわよね？」

離婚後もまだ、アミアンのアンリヴィル地区にあるエマニュエルが育った家で暮らしている父親のジャン＝ミシェルのほうは、母親ほど神経をとがらせているわけではなく、もっと穏やかな言葉遣いをするが、それでもいっていることは本質的にフランソワーズと変わらない。

「メディアは、世間受けするノスタルジックなエピナル版画［フランス北東部の町エピナルでつくられ、とくに一九世紀に流行した大衆彩色版画。道徳、古典文学、ナポレオン伝説などをモチーフとした］によって描かれた子ども時代をつくり上げた。教師の祖母と文字を読めなかった曾祖母をおもな登場人物にしてね。まったく、これじゃ第三共和政［一八七〇～一九四〇年］時代の話のようだよ。その中に両親の居場所はない」

ジャン＝ミシェル・マクロンは一歩引いたところから物事を見つめ、分析し、結論づける。フランソワーズに比べると冷静で、息子の特異な運命を前にあきらめの境地にいるようだ。また、これまでずっと左派に投票してきた彼は、現職の社会党のオランド大統領の弱点こそが、わが子がめきめき頭角を現すいまの状況を許してしまったといってはばからない。

「オランドにはストーリーテリングの力が著しく欠けている。国民にはストーリーが必要なのに、それをつくり出すことができないのだからね」

だが、いくらストーリーが必要とはいえ、そのストーリーの中で存在を抹殺されてしまうのはあんまりというものだ。ジャン＝ミシェルは彼自身のバージョンのストーリーをこう語る。

「私たちは普通の親と同じようにごく平凡に子育てをした。息子を勘当したなんてことはないよ」口調はあくまで穏やかだ。

「メディアがつくり出した話は不愉快で、あまりにも事実をねじ曲げ、単純化している」

彼がこうしてインタビューに応じることに同意したのは、妻と同様、ただ周囲にそう勧められたからだ。大統領選候補者が育った環境について、何か知られてはまずい秘密があるのではないかという印象を世間に与えないようにするためだ。社会には、公人には透明性、あるいは透明性が保たれているというイメージが必要だという不文律が存在する。

確かにフランソワーズとジャン＝ミシェルはいま、舞台裏に押しやられている。だが二人は当然、彼らの息子であるエマニュエルの人格形成に影響を与えた。さらに二人は、身分制を廃し、自由と平等を謳う〝共和国〟フランスで社会的地位を高めていく方法を——彼らの社会的上昇は双方の親の代から始まった——、それぞれ違った形で体現する存在でもある。

医者は〝天職〟

フランソワーズ・ノゲス＝マクロンは教師の両親のもとに生まれ、結婚後も家庭に入らず働いてきた。家族のルーツはフランス南西部、オクシタニー地域圏オート＝ピレネー県のバニュール＝ド＝ビゴールにあり、母方の祖父母がその地の出身で、おじのロジェ・ノゲスは町の助役を務めていた。フランソワーズは医学を学び、小児科医を目指したが、一九七九年に次男ローランが誕生したときに小児科医になるのをあきらめた。

「インターン試験の準備ができなくて。夫のほうは試験を輝かしい成績で合格したんですよ」

医者は自分にとって天職であり、九歳のときには医学の道に進もうと決めていた。医者を目指すのは一族に共通する傾向で、兄弟姉妹からほかに一般医と眼科医になった者がいる。また、エマニュエル以外の子どもたち、つまりローランとエステルもそれぞれ医者になっている。

医者を〝天職〟と語るフランソワーズにも医学の勉強を中断した時期があった。息子二人を出産したあとのことで、そのときは絵や彫刻をつくり、彼女の作品が家中にあふれそうになった。そんな中、兄弟姉妹の一人に急かされて社会保障機関の採用試験を受け、一九八一年より非常勤医、次いで顧問医［障害等級などを鑑定する医師］になり病院に派遣され、監督業務にあたった。公衆衛生分野の仕事は通常の医師の仕事とはだいぶ勝手が違ったが、彼女には面白く感じられた。

夫と別居後の一九九九年、顧問医としてチームを率いていた彼女はアミアンを離れることにした。そこで、パリかトゥールーズかモンペリエへ異動したいと願い出て、結局パリに移った。

パリでは新たに初級顧問医になり、パリ一八区のグット・ドール地区で診療業務にあたった（「退屈な仕事でした」）。次いで二〇〇一年、全国給与所得者疾病保険金庫で働くことになり、透析に関する科学的な記事を何本か執筆した。その後、入院患者帰宅支援プログラムのリーダーに任命されたが、突然の降板を余儀なくされた。半月板を手術して、一年半、歩行補助杖がなければ歩けなくなったのだ。

ジャン＝ミシェル・マクロン

父親のジャン＝ミシェル・マクロンはフランス北部ピカルディ地方の出身で、フランソワーズとはまた異なるキャリアを歩んだ。フランソワーズは彼のことを、「少々内向的で自分の世界に閉じこもりがちな、本ばかり読んでいた根っからのインテリ」と評する。

妻であるフランソワーズは、そんな彼と外の世界との橋渡しをした。ジャン＝ミシェルは冷めたユーモアセンスの持ち主で、他人《ひと》を見る目は確かなようだ。彼は最終的には神経科医になったが、フランス語、ラテン語、ギリシャ語を学び、数学よりも文学が好きで、若い頃は考古学者に憧れていたという。だが、「貧しい家の出だった」両親に、医者のほうが堅実で安心だと勧められ、夢をあきらめた。

エマニュエル・マクロンが自著『Révolution（革命）』の中で書いているように、彼らにとっては医者になることこそがフランスの社会の中で確実に地位を高める〝王道〟に思われたのだ。フランソワーズはジャン＝ミシェルを、「すこぶる優秀で、アミアンでもカーンでもインターン試験をトップで通過し、モンペリエでの成績も非常に優秀でした」と語る。

彼は当初、精神科医を目指したが、進路を変えて神経生理学を学び、サルペトリエール大学病院センターなどパリのいくつかの病院で働いた。「脳への興味は尽きなかった」と語るジャン＝ミシェルは現在、てんかんと睡眠障害を専門とし、アミアン大学病院の神経生物学科長を務めている。

父親と息子のエマニュエルを結ぶのは、共通する知的好奇心だ。二人とも哲学、文学、歴史、そして壮大な政治のビジョンに興味をもっている。

「フランス革命、ナポレオン、第二次世界大戦、ド・ゴールについてエマニュエルとずいぶん議論したよ。何といったらいいのかな、実はエマニュエルは……クレマンソーを崇めてはいないんだ」とジャン＝ミシェルは、息子のライバルであるマニュエル・ヴァルスが英雄視する政治家の名前を出して微笑んだ。

息子の姿におぼえる不快感

エマニュエルが大統領府（エリゼ宮）の副事務総長を務めていた頃に比べると父子が会って話をする機会は減ったが、関係は続いている。

「副事務総長だった当時は、週末によく二人で話し込んだものだ」

ジャン＝ミシェルは、息子のいる大統領府（エリゼ宮）を二度訪ね、「ムッシュー・オランド」にも会ったことがあるという。明らかに政治に関心を抱いてはいるものの、同時に政治に対しては幻滅以上のものを感じていると語るジャン＝ミシェルは、モラルが欠如した政治の世界の暴力を案じている。そして、「政治的な活動をすれば、膨大な時間がとられてしまう」と嘆きながら、「私にとって大きな悲劇は、政治にいつまでも未練をもっていることだよ！」とユーモアを交えていう。それは同時に、政治という巨大な権力に対して無力な傍観者でいなければならない自分の立場を自覚せざるをえない悲劇でもある。

「政治の権力はほかのすべての権力と同じように現実から乖離しがちで、その結果、政治家は現実を歪んだフィルターを通じてしか見られなくなる」とジャン＝ミシェルは語る。

そういう彼も〝マニュ〟の華々しい出世のとばっちりを受けた一人だ。政治は父親から息子を奪い、異星人のような架空の人物につくり変えた。彼は選挙集会での息子の仰々しい振る舞いを苦々しく思い、「最近はちょっとやりすぎだ」と語る。だがそれ以上に不愉快なのは、ゴシップを扱うパリ・マッチ誌の表紙に夫婦そろって登場したことだ。彼がいま目にしているのは、自分の知っている息子とはまったく同じでも、まったく違うわけでもない息子の姿だ。

「エマニュエルの主義主張にほぼ賛成だよ。だがそれと同じくらい、ショービジネスに染まったあの子の姿や、メディアが報じるその私生活には嫌悪をおぼえている」

カリスマ性、知性、有能さ

ジャン＝ミシェルもまた、〝マニュ〟が自分のもとから去ってしまったと感じているはずだ。自分と異なる自分をみずから考え出し、政治家版ジャン＝クロード・ロマン［一九五四年生まれのフランスの犯罪者。無職だったにもかかわらず、一八年間世界保健機構（ＷＨＯ）勤務のエリート医師として振る舞って周囲から大金をだましとり、嘘がばれると家族五人を殺害した］のような存在になってしまったと思っているのかもしれない。エマニュエルについて、いまや現実と虚構が入り交じった不可思議な人生がつくり上げられている。その人生の中で息子は、国の頂点へと続く階段を猛スピードで駆け上っている。当然ながらその知性と有能さ、そして誰もが認めるそのカリスマ性を武器にして。

息子の人たらしの能力については、父親のジャン＝ミシェルも認めている。息子にかかれば、椅子（ポスト）だってイチコロだ、と。エマニュエルの、あの、いつでも相手を説得しようとしたり、人の心をつかもうとしたりする癖は昨日今日に始まったことではない。

「あの子には人を惹きつける途方もない魅力があった。それも小さな頃から」

ジャン＝ミシェルはそういって笑いながら、エマニュエルの魅力を紹介する記事を引き合いに出した。〝マクロンの執務室に入れば、かならず彼の意見に感化されて部屋を出る〟確かに彼は驚くべき美徳の持ち主で、人間関係のつくり方が実にうまい。その人心掌握術が今後大きな力を発揮するかもしれない〟。

それでも父は、息子がまさか政治の道に進むとは思わなかった。法学か経済学の教授や作家といった、知的な職業に就くのだろうと考えていたのだ。だが、よりによって政治とは。政治の世界は、静かな家庭生活や知的な生活からはかけ離れた暴力的なものだ。ジャン＝ミシェルは、大統領府（エリゼ宮）の副事務総長だったエマニュエルがある日こんな言葉を口にしたのをおぼえている。

「金融の世界はタフだが、そこではいくつかの規則が守られている。しかし、政治の世界に禁じ手はない」

だから、父ジャン＝ミシェルも心配しないわけにはいかないのだ。寛大で鷹揚《おうよう》な彼は、エマニュエルを賞賛しつつもけっして虚像にだまされることなく、時に医者が患者を診るような目で冷静にわが子を見つめている。だがそんな彼でも、この特異な息子を――ほかの人からありとあらゆることを貪欲に吸収し、誰よりも巧みに学びとることのできる「まさにスポンジのような」わが子を案じているのだ。

アミアン音楽院

ジャン＝ミシェルは娘のエステルにしたのと同じように、エマニュエルにも二、三年のあいだギリシャ語を教えたことがある（エマニュエルが中学から通いはじめたイエズス会系のラ・プロヴィダンス校にはギシリャ語の授業がなかった）。さらに、息子に少しばかり哲学の手ほどきもした。

「よく議論したものだよ」とジャン＝ミシェルは懐かしむ。彼はエマニュエルにニーチェをはじめ、ミシェル・フーコー、レヴィ＝ストロース、アルチュセールを紹介した——彼らの著作はいまもジャン＝ミシェルの書棚に並んでいる。「息子は私の本棚を荒らしまくったよ」とジャン＝ミシェルは楽しそうに振り返る。エマニュエルは、父が高校生だった頃に流行っていたほかの思想家の作品も読んだ。

「六八年から六九年にかけて、私はパリ高等師範学校［研究者や高等教育機関の教員の養成を目的としたフランス最高峰のグランゼコール］を出た教師に習っていて、ジャック・ラカンのセミネール（セミナー）に参加するため、その人に高等師範学校に連れていってもらったことがあるんだよ」

いまも現役で働いているジャン＝ミシェルは、子ども時代のエマニュエルを「優しくて明るくてとても頑張り屋で、長所がたくさんある子だった」と述懐する。

小さい頃は勉強ばかりしていたので、身体を動かすよう声をかけなければならなかったこともあるようだ。その甲斐《かい》あってか、エマニュエルはアミアン市内のブルジョア地区、アンリヴィルにある自宅の目の前のテニスクラブでテニスをしたり、サッカーを楽しんだりした。だが、水泳以外、スポーツはあまり好きではなかったようで、エマニュエルはスポーツ以外の分野で競争心を養った。

その舞台となったのが、母親が入学を申し込んだアミアン音楽院だ。

「息子はトップになることを目指して熱心にとり組んでたよ。まあ、エマニュエルはいろんなことに熱心にとり組むタイプなんだがね」とジャン＝ミシェルはいう。

母親のほうは、初めて受けたアミアン音楽院の入学選抜試験で女性教師の一人に入学を許可してもらえなかったときのことをおぼえている。そのときエマニュエルは、翌年も同じ教師のもとで試験を受けることにこだわったという。これはプライドの表れだろうか？

とにかくエマニュエルは、子どもの頃から真っ向勝負を挑み、相手を説得することが好きだった。この特徴は、のちに経済大臣になったときにも発揮された。彼はいつも直接対決を、主張と主張を真正面からぶつけ合うことを好む。

最終的にマクロン少年は、二度目の試験でアミアン音楽院に合格した。

クラス全員のヒーロー

エマニュエルは自分の世界にこもりがちの子だった。個性的ではあったが、「ほどほどに外向的だったので、孤立することはなかったよ」とジャン＝ミシェルは振り返る。

学校以外でのさまざまな活動を器用にこなし、何をやってもトップクラスだった。とにかく好奇心が強く、大人と話すのが大好きだったという。母親いわく、「二歳のときにはもう本を手にしていました。夫と私がしていたように、鉛筆を真ん中に挟んで」。

そうした説明を聞くと、人の真似ばかりする妙に大人じみた子どもや、先生には可愛がられるが友人関係で苦労する子どもを想像するかもしれないが、そうではないと母は主張する。

「夫婦のあいだで、あの子がほかの子と違うなんて話は一度も出たことがありません」

エマニュエルはいわゆる神童などではけっしてなく、「遊ぶのが好きな普通の子」だった。それでも少しばかりほかの子と違っていて、親友と呼べるような友だちはいなかった。

「誰とでもうまく付き合ってはいたけれど、とくに仲のいい子はいませんでした。エマニュエルは自分の周りに壁を築いてしまうんです」

小学校は公立校に通ったが――学校はすぐ近くで、自宅の庭の奥にあるようなものだった――、やはりすぐに目立つ存在となり、学級委員を任されることが多かった。早熟なのは確かで、五歳のときには文字が読めた。物おぼえがあまりにもよいので、母親は記憶異常を疑ったほどだ。何しろごく幼いうちにギリシャ神話のおもだった神々の名をおぼえてしまったのだ。そしてもう一つ、母フランソワーズはエマニュエルならではの特徴を挙げた。

「あの子は人前で話すのが大好きでした。それもとても小さな頃から」

少々ガリ勉タイプだったのだろうか？　クラスメイトをいらつかせる、先生のお気に入りだったのか？

ヴァニティ・フェア誌［アメリカのカルチャー誌］の二〇一七年二月号に掲載された記事では、エマニュエルが中学から通ったラ・プロヴィダンス校で歴史を教えていた男性教師が当時を振り返り、エマニュエルが授業後も教室に残り、彼と「熱心に話し込んだ」と語っている。

要するにエマニュエルは、同年代の友人よりも教師と仲がよく、年長者の知性に惹かれていたようだ。母フランソワーズは、「友だちはいたけれど、みんなあの子を賞賛のまなざしで見ていました……。クラス全員のヒーローだったんです」と彼女自身、息子を賞賛するような面持ちで語った。

ラ・プロ校

エマニュエルは小学校を卒業後、中学校の校長だった祖母の助言に従い、公立校ではなく私立のラ・プロヴィダンス校に進学した（弟と妹も同校に通っている）。

〈ラ・プロ〉と呼ばれるこの学校はイエズス会が運営しており、そのため学校の雰囲気は、宗教を排してきたマクロン家の家風とはかならずしも相いれるものではなかった。エマニュエルの両親は子どもたちに、自由を手にし、自己実現を図る方法として勉強の大切さを叩き込んではいたが、教育方針はどちらかといえば子どもの自由意志を尊重するものだった。不可知論者のジャン＝ミシェルはこう語る。

「私にとっては自由であるということがさまざまな面でもっとも大切な価値だ。だから、強制するより本人のやる気が大事だと思っているよ」*8

イエズス会が行っている教育は（実際にはラ・プロ校にイエズス会士は一人しかいなかった）、厳格で管理主義的で、率直にいってマクロン夫妻の好みには合わなかったのだが――ブリジット夫人いわく、「エマニュエルの両親は子どもたちに何でも自由にやらせていました」――、最終的にこの学校を選んだのは何よりも教育プログラムが充実していたからだ。

というわけで、エマニュエル、ローラン、そして末っ子のエステル（彼女はエマニュエルとさほど親密ではない）はラ・プロ校で学ぶことになった。

エマニュエルの一年半後に生まれた次男のローランは、母フランソワーズが証言するように、つねに「エマニュエルが前にいる」状態で、このあまりにも完璧すぎる兄の影響を誰よりも直接的に受けながら共存していかなければならなかった。「エマニュエルが前にいる」というこの何気ない言葉は、単にエマニュエルが年長で、先に生まれたアドバンテージを手にしているということだけでなく、ローランにとってはつねに兄に「先を越されている」という状態も意味していた。これはあとから生まれてきた者に劣等感を抱かせる（あるいはその行く手を阻む）やっかいな状況だ。

実際、母フランソワーズによれば、ローランは二歳になるまでおしゃべりができなかった。心配になった母はローランを小児科医に診せた。

「何か問題があるのでしょうか?」。すると、こんな答えが返ってきた。

「ええ、エマニュエルという問題があります」

完璧すぎるエマニュエル。大人の関心を惹き、大人に関心を寄せるエマニュエル。エマニュエルはいつも教師と親しく交わり、年長者と話すのが好きだった。五、六歳の頃にはトカゲを捕まえて尻尾を切り落とし、瓶に集めるというおかしな趣味にも熱中した。母親はいまでもおぼえている。

「鼻の曲がりそうなひどい臭いがしました! バニェール=ド=ビゴールにあるうちの実家でもトカゲを捕まえたり、土ボタルの幼虫を集めたり、蟻の世界を観察するのに夢中だったんですよ」

口達者なエマニュエル

兄エマニュエルがどんな個性の持ち主でも、のちに心臓専門医となる弟のローランは、完璧すぎるこの兄に押し潰されることはなかった。彼は兄とは違う自分自身の道を切り開いた。ローランはテニス選手として活躍し、友だちと徒党を組み、自宅にはガールフレンドが次々に遊びに来た。要するに、エマニュエルとは別の場所に自分の居場所を見出したのだ。

しかし、だからといって兄とのあいだにいさかいがなかったわけではない。世の兄弟たちと同じように、二人も喧嘩をした。だが、そこにはある特徴があったと母はいう。

喧嘩になると、ローランは腕力で、エマニュエルは言葉で勝負をつけたがったのだ。エマニュエル・マクロンはミシェル・オディアール〔一九二〇～八五。脚本家、映画監督、作家〕のファンで、彼の書いたセリフをよく引用するが、そのオディアールがこんなセリフも残している――〝妙だな、船乗りが口達者だなんて〟〔映画『Les Tontons flingueurs（英題：ムッシュー・ギャングスター）』一九六三年より〕。

エマニュエルの口達者は、どうやら幼少時代から早々に始まったようだ。

第二章
マニュとマネット、「愛するのはあなただけ」

プチ・プランス（小さな王子）

「〝そして微笑みが私の青白さから浮かび出て、こういった。私はあまたの信頼の糸でこれらの人々とつながっていて、そのうちのたった一本でも断ち切らせてはならなかった、と。私はその日、私の同胞たちを激しく愛した、まさに犠牲を超えて〟――だから、そう、私は今日、あなた方を狂おしいほど愛する、私の友人たちを」

二〇一七年二月四日、エマニュエル・マクロンはリヨンのジェルラン・スタジアムに集まった大勢の熱狂した支持者たちを前に、詩人ルネ・シャール［一九〇七～八八］の作品『イプノスの綴り』に収められている断章［断章一二八］を引用し、かつて記者会見の席でポール・エリュアール［一八九五～一九五二］の詩を引用したポンピドゥー大統領にならうのと同時に、ここでもまた祖母に対する愛慕の情を表した。

というのも、エマニュエルを信じ、彼の中に〝特別な運命〟をもつ可能性を見出したこの祖母こそが、彼に文学と詩の手ほどきをし、著作家の中でもとくにこのレジスタンスの闘士だった詩人、ルネ・シャールを紹介したからだ。

これまで何度も政治家に引用されてきたルネ・シャールの次の詩句は、〝プチ・マクロン（マクロン坊や）〟改め、政界の〝プチ・プランス（小さな王子）［サン＝テグジュペリ作『星の王子さま』

の原題でもある」〟になるかもしれないエマニュエル・マクロンにこそふさわしいだろう――〝おまえの幸運を認めさせ、おまえの幸福を握りしめ、そしておまえの危険へと進め。おまえを眺めることに、彼らは慣れるだろう〟〔「早起きの人たちの赤さ」より〕。

敬愛する祖母

エマニュエル・マクロンが祖母への愛を表明するのはこれが初めてではない。祖母はあらゆるところで存在感を放っている。孫エマニュエルは彼女に限りない崇拝心を寄せている。メディアに私生活を明かす気はないと豪語する彼が――とはいえ、必要があればパリ・マッチ誌の表紙を飾る写真撮影には快く応じている――、二〇一三年に他界し、彼が人生の多くを負っているこの祖母についてだけは、驚くほどしばしば言及している。

マクロンは自著『Révolution（革命）』の中で、「祖母を思い出さない日は、そのまなざしを探さない日は一日もない」と記している。祖母のまなざしは励ましと承認と愛に満ちていて、そのまなざしに包まれると、エマニュエルは自分自身を「祖母の教えに値する人間だ」と思うことができた。彼がそこまで祖母を敬愛するのは、二人は二世代違ってはいたが、同じ言葉を話し、同じ世界を共有していたからだ。

となると、こんな疑問が浮かんでくる。パリのポルト・ド・ヴェルサイユで開催された選挙集会の最後に見せた、イエス・キリストを思わせる両腕を大きく広げたあのポーズは、この祖母に向けたものだったのではないか？　彼が、リヨンでフランス国歌〈ラ・マルセイエーズ〉を、目をつむったまま胸に手をあてて歌ったとき、その胸中にあったのはこの祖母でなかったか？　そのとき彼は魔法をかけられ、どこかへ、子どもの頃に夢見た素晴らしい世界へ連れ去られたような気がしていたのではないか？

彼はあのとき、アミアンで暮らしたあの日々――彼の家から数分のところにある祖母のアパルトマン〈レジダンス・デルペシュ〉で過ごした日々を思い出していたのかもしれない。少年だった彼が祖母と過ごした、まるでそこだけ時間の流れが止まったかのようなあの特別なひとときを。

祖母は教師として数十年のあいだ生徒のために――その多くは自分と同じ貧しい家の娘たちだった――、そして何事もとことん追究するマクロン少年のために、「知と美と、そしておそらく無限へと通じる扉を開いてやった」。

そんな祖母を、彼は選挙集会の中でたびたび引き合いに出した。ヌヴェールでもパリでもリヨンでも、彼の才能を見出したこの祖母について語った。孤独を好み、それと同時に大勢の前でもまったく物怖じしないマクロン少年にとって、祖母は〝友人〟であり、相談相手であり、家庭教師であり、もう一人の母だった（もちろん実母はちゃんと存在したのだが）。

確実にいえるのは、マクロン少年がその祖母の家でショパンを聴き、ジャン・ジロドゥ〔一八八二〜一九四四。劇作家、小説家、外交官〕の作品に触れながらココアを飲んだということと、文学、哲学、そして偉大な著作家を熱愛していた祖母が彼を成長させたということだ。

祖母は、ともに過ごした長い時間のあいだにマクロン少年に勉強——文法、歴史、地理——を教えたと同時に、彼が自著の中で述べているように、自分のかたわらでこの孫に、モリエールやラシーヌ、そして祖母のお気に入りだが世間からは少しばかり忘れ去られてしまった作家ジョルジュ・デュアメル、さらにはモーリアックやジオノの作品を、大きな声で朗読させた。

愛と依存関係で結ばれた絆

ジェルメーヌ・ノゲス。それがエマニュエル・マクロンに敬愛されたこの祖母の名だ。だが、彼女を〝ジェルメーヌ〟と呼ぶ人はいなかった。〝お祖母《ばあ》さま〟とか〝お祖母ちゃん〟などと呼ばせるタイプでもなかった。役割を限定する、そんなごく普通の呼び方は彼女にはふさわしくなかったのだ。

彼女は〝マネット〟と呼ばれた。その呼び名を付けたのは別の孫、エマニュエルのいとこだ。そしてマネットは〝マニュ〟を選んだ。そう、選びとったのだ。特別扱いしたとか、お気に入りにしたとか、そういうことではない。なぜなら、ブリジット夫人が語るように、祖母と孫は互いを選んだのだから。エマニュエルが四、五歳のときのことだ。そのとき祖母は、この少年がほかの子と違うことに気がついた。

「ありきたりの孫じゃない、ってね」とブリジットは冗談めかしていう。

互いを選びとって以来、中学校の校長だった祖母と愛らしい天使のような顔をした孫は尋常ならざる絆を結んだ。それはほかの人が入り込む余地などない、厳しさも伴う濃密な絆で、まさにめったに見られない間柄だった。愛と同時に依存関係でも結ばれていたその絆は、マネットが死ぬまで続いた。

二人のあいだの絆があまりにも固かったため、周囲の人々は困惑し、理解に苦しんだ。〝周囲の人々〟の筆頭に挙げられるのが、先に述べたように、エマニュエルの母フランソワーズだ。彼女は自分がのけ者にされているという思いに苦しみ、あれほど望んだ子どもを奪われたという感情の中でもがいた。何しろ彼女の実母は、孫をうっかり「私の子」とさえ呼んでしまうのだ。この言い間違いこそ、二人のつながりの深さをはっきり示す証だろう。

父ジャン＝ミシェルも同じように困惑し、息子にあまりにも強い影響を与えている妻の母にたびたび抵抗を試みた。エマニュエルの弟と妹も、兄と祖母の関係に戸惑ったという。その代わりというべきか、ローランとエステルはマネットよりも父方の祖父母に可愛がられた。さらにフランソワーズも、関係がぎくしゃくしていた実母よりも夫の両親と親しく付き合った。

一方ブリジットは、この特別な関係を壊したり、矮小化《わい》したりするなどもってのほかだと理解した。そんなことはとうてい無理なこと、むしろ無謀だとすぐにわかったのだ。なぜなら祖母マネットはエマニュエルの〝支え〟であり、ある意味、二人は恋愛状態にあったのだから。そこにあるのは祖母と孫のあいだの、型破りではあるが強固で純粋な愛だった。自分の祖母と深い絆で結ばれていた人は——エマニュエル・マクロンと「親しい人」の中には、同じように祖母と濃密な関係を築いた人が何人かいる——異口同音に、「人生においてそんな絆は二度と結べない」と認めている。

祖母とのあいだに培ったこの特別な絆を共通項として、エマニュエルはたとえばフランソワ・アンロと親しくなった。ロチルド銀行の副頭取で、同銀行を率いるダヴィド・ド・ロチルドの右腕を務めるアンロは、「〝あなたは素晴らしい〟と認めてくれる祖母に深く愛された子どもはたぶん、安心できる温もりのベールに包まれるのだろう」と語っている[*1]。

毎日欠かさず電話

マネットは物わかりのよいことに、孫が通っていた学校の教師だったブリジット・トロニューと孫との、これまた尋常ならざる愛を認めた。

「だが、すぐに許してもらったわけではない」とエマニュエル・マクロンはいう。

「祖母ははじめ、私たちの関係を快く思わなかった。だが、最初の壁を乗り越えたあとは話が早かった」

そう語るとマクロンは、私が説得すれば山だって動くとほのめかすように微笑んだ*2。やがてマネットは二人の支援者になる。

ブリジットは、「彼女が認めてくれなければどうにもなりませんでした」と振り返る。ブリジットはエマニュエルがパリに引っ越したあと、マネットを頻繁に訪ねた。そして午後中、エマニュエルの両親が住む家から目と鼻の先にあるマネットの家で文学について語り合った。「彼女も私もラ・フォンテーヌ〔一七世紀の詩人。〝寓話詩〟で知られる〕が好きだったので、情熱を分かち合うことができました」*3

エマニュエルはロチルド銀行で働いていたとき、どんな時間になっても毎日欠かさず祖母に電話をかけた。電話は一時間近くにおよぶこともあったという。祖母との会話は、彼にとって必要不可欠なものだった。

ブリジットは、「エマニュエルは誰も必要としていません。彼はスポンジです。何でもどんどん受け入れて吸収します。ですが、エマニュエルがこれだけの人物になったのは、彼自身の努力と祖母マネットの力によるものです」と語る。

彼女はエマニュエルと祖母が一緒にいる姿を目にし、祖母が孫に「私が愛しているのはあなただけ」と語りかけるのを聞いて、世の中にこんな関係があるのかと非常に驚いたという。

特別な関係

この特別な関係は、エマニュエルが小学生のときに始まった。当時、彼は昼食を食べによくマネットの家に行き、夜寝るために両親の家に戻っていた。

これほど珍しい関係をどう説明すればいいのだろう？　だが、マネットはけっして「孫に甘いお祖母《ばあ》ちゃん」だったわけではない。むしろその逆で、とても厳格だった。厳しくしつけられた彼女は、シャルル・ペギー〔一八七三〜一九一四。詩人、思想家〕が〝黒い軽騎兵〟と呼んだ、第三共和政時代にフランス国民に教育を施すことを任務としたあの教員たちの後継者のような存在だった。

〝マネット〟ことジェルメーヌは、バニェール＝ド＝ビゴールの貧しいアリベ家に生まれた。父は駅長で、母は家政婦だった。一家の中でジェルメーヌだけが小学校卒業後も勉強を続けることができた。「文章を読むのに苦労し、細かいニュアンスが理解できない」父と、読み書きのできなかった母に育てられたことを考えると、これは注目に値する（ちなみにジェルメーヌの母、つまりエマニュエル・マクロンにとっては曾祖母にあたるこの人物を、彼は自著の中で「文字が読めなかった」と紹介し、さらに、食肉加工に携わるガド社の女性従業員について引き合いに出し「文字の読めない人たち」と失言したことで、彼女はいまやすっかり有名人になっている）。

ジェルメーヌはさらに、高校の最終学年のときに哲学の先生に目をかけられ、卒業後は通信教育で文学を学び続けた。エマニュエルによれば、「第一次世界大戦が始まる数年前に教員免許を取得し、ヌヴェールで教鞭を執ることになった。当地に赴任するにあたり、祖母は現代風にいえば〝虐げられた女性〟である実母を引きとり、母親が亡くなるまでずっと一緒だった」。

意志が強い有能な教師

ジェルメーヌ・ノゲスは意志の強い女性で、非常に有能であり、映画『いまを生きる』［ピーター・ウィアー監督による一九八九年公開のアメリカ映画。型破りな授業を通じて生徒に生きる素晴らしさを教える教師をロビン・ウィリアムズが演じた］に登場する先生のように生徒の能力を引き上げてくれる優れた教師だった。と同時に、手加減しない厳しい女性でもあった。

彼女の娘でエマニュエルの母、フランソワーズ・ノゲス＝マクロンによると、彼女は二〇一三年に九七歳で亡くなるまでかくしゃくとしていたらしい。「最後まで並外れた女性でした」とフランソワーズはいう。

亡くなる一カ月前まで、エマニュエルの妹エステルと一緒にボードレールの詩を諳《そら》んじていた。インテリで、何かと口実をつけて家族の集まりをすっぽかし、日曜日はよく書斎に閉じこもってたばこをふかしながら、本を読んだりクラシック音楽を聴いたりした。そして、こと勉強となると、「やたら怖くて厳しくなった」。

あまりの厳しさに娘のフランソワーズは、ヴォルテールを学んだあと文学全般に「拒否反応が出た」と語る。しかも、この母との関係は難しく、時に緊張をはらんだものであったらしい。何しろキッチンに立つ娘を見て、「なんて子なの。そんなことをして時間を無駄にしてはダメ！」と叱責するような母だったのだ。

もっともマネットは、エマニュエルに対しても頑固で容赦のない態度で接した。ブリジットは、「何一つなあなあではすませず、勉強しか眼中になかったんです」と説明する。

だが、厳しく接するのはほかの孫に対しても同じで、彼女は孫たちが大学入学資格《バカロレア》の試験に向けてフランス語を勉強するのを手伝った。

〝クルー〟と呼ばれていたマネットの夫は、物腰が柔らかい活動的な男性で、同じく教師だった。彼はエマニュエルの家によく夕食を食べに来て、孫たちとチェスや卓球を楽しんだ。マネットとクルーは夫婦というよりも単なる知り合いのような間柄だった。

一方、マネットがマクロン家を訪れることはなかった。義理の息子のジャン＝ミシェルによると、彼女は退職してから徐々に自宅に「引きこもる」ようになった。

「エマニュエルは義母にとって外界を覗く窓のような存在だった。義母はあの子にとても強く依存していた」

ジャン＝ミシェルの話では、マネットは新聞や雑誌などでエマニュエルの話題をチェックしたり、彼のためにル・モンド紙の記事を切り抜いたりしていたそうだ。さらに、エマニュエルがエリート校のパリ政治学院で学んでいるときには資料カードの準備までしたらしい。

祖母の最晩年

エマニュエル・マクロンの父親は先述したとおり、貧しい庶民の少女が身を立てていく姿を表現するためにつくられたエピナル版画そっくりの人生を歩んだこの祖母を、メディアが何かと利用して騒ぎ立てるのを少々苦々しく思っていた。だが、息子のほうは明らかにこの祖母と、彼女の最晩年まで深い絆で結ばれていた。

二〇一三年四月、マネットの健康状態が悪化したとき、エマニュエル・マクロンは大統領府（エリゼ宮）の副事務総長を務めていた（彼は前年五月に同職に就いたあとも、毎日欠かさず祖母に電話をかけていた）。

四月一三日土曜日の朝、フランソワーズが会議中の息子に電話をかけ、「もうダメだ」と伝えると、エマニュエルはすぐに車に飛び乗り、アミアンへ向かった。前夜から意識不明だったマネットは不思議なことに、彼がまだ通りの先にいるうちから「マニュ……」と突然孫の名を口にしたという。マネットは娘が見守る中、最愛の孫の腕に抱かれて息を引きとった。

一九三一年、もう一人の政治家、フランソワ・ミッテランがシャラント県ジャルナックで愛する祖母の死に立ち会った（彼の場合は当時一五歳と、マクロンよりもずっと若かった）。祖母の名はウージェニー・ロレンといい、〝ママン・ニニー〟と呼ばれていた。熱心なカトリック信者で、その臨終の言葉を聞いたミッテランは何年ものちにこう述べている。

「祖母が死んだとき、私は身体が凍りつき、肘掛け椅子に座ったまま何時間も彼女を見つめていた。〔中略〕死は一瞬ですむ別離ではない。だから私は、棺に納められるまでひたすら祖母を見つめていた。〔中略〕以来、私は真の愛を知る恩恵に与り続けている」＊4。

ノゲス家の実家があるオート＝ピレネー県で親族だけで執り行ったマネットの葬儀の日（後日アミアンで彼女を偲ぶミサが挙げられた）、感情が高ぶったエマニュエルは、「聴く者の胸を揺さぶる」スピーチをした。

その日以来、彼がマネットを想わない日は、フランソワ・ミッテランのいうところの、「真の愛を知る恩恵」を噛みしめない日はないのだろう。

第三章
生きること、愛すること

ガブリエル・ルシエの悲劇

「わかろうとする者にはわかるだろう、私、私の悔恨を。それは迷子のまなざしをした、ゆえある犠牲者、愛されんがために死んだ、死者に似た人……」

一九六九年九月二二日、大統領府（エリゼ宮）で開かれた記者会見でのことだった。就任したばかりのジョルジュ・ポンピドゥー大統領は、数日前に起きたガブリエル・ルシエのガス自殺について、〈ラジオ・モンテカルロ〉の記者から質問されると、まずはしばらく沈黙した。そして両肘をテーブルにつけて両手を組み、集まった記者たちにじっと視線を注ぐと、先に挙げたポール・エリュアールの詩句をわずかにかすれた声でひと息に諳んじた。エリュアールのこの詩は、第二次世界大戦中にナチス・ドイツの占領下にあったフランスが解放された際、ドイツ兵と親しくしていたことを理由に髪を刈られたフランス人女性たちについて詠んだものだ。

ガブリエル・ルシエ。彼女の悲劇はフランス社会を揺るがした。文学教授の資格をもつガブリエルは当時三二歳。双子の母で、数年前に離婚を経験し、マルセイユのサン＝テグジュペリ高校の教師だった。彼女の犯した過ち――それは同校の最終学年生の生徒、クリスチャン・ロシと恋に落ちたことだ。クリスチャンは当時一七歳。六八年の〈五月革命〉の熱狂と自由な空気の中で生まれた恋だった。だが、クリスチャンの両親はこれを許さず、ガブリエルを未成年者誘惑罪で訴えた。

六八年一二月、ガブリエルは逮捕され、マルセイユにあるボーメット刑務所に五日間収監された。さらに翌年四月には八週間拘束され、同年七月に禁錮一年と五〇〇フランの罰金の支払いを命じられた。そして……彼女はみずから命を絶った。この悲恋をもとにシャルル・アズナヴールの歌が生まれ、一九七一年にはアンドレ・カイヤット監督がアニー・ジラルド主演で映画『愛のために死す』を製作した。

生徒と教師の恋愛

三〇代、フランス語の教師、子持ち。相手は演劇クラブで指導している男子生徒。舞台はフランスの田舎町。不安に駆られる両親、汚されたモラル……。アズナヴールは映画と同名の『愛のために死す』という歌で、〝彼は春で、彼女は秋〟、〝憎悪に駆られた人たちは自分自身と向き合う／そのケチな料簡を胸に〟と歌った。

クリスチャン・ロシとガブリエル・ルシエの恋物語と、その二四年後に生まれたエマニュエル・マクロンと未来の妻ブリジット・オジエール（旧姓トロニュー）との恋に共通点はたくさんある。だが、結末はだいぶ違う。

一方ではカップルの一人が愛のために死を選び、もう一方はともに生き、愛し合おうと決めた。自分たちの幸運をつかみ、周囲に自分たちの幸福を認めさせようとしたのだ……。

エマニュエル・マクロンは『Révolution（革命）』の中で、「はじめは秘密の、往々にして人目を忍ぶ、多くの人に理解されない愛だった。周囲に認めてもらえるようになるまでは」と記している。

「だが、粘り強さと揺るぎない意志の力で、堂々と公表できる愛になった」

当然ながら、一九六九年のポンピドゥー時代のフランスと、一九九三年のミッテラン時代のフランスは違う。エマニュエル・マクロンの父は、「ルシエ事件以来、世の中はずいぶん変わったよ」と笑いながらいう。加えてエマニュエルの父と母が強調するように、両親は当時、未成年誘惑罪でブリジット・オジエールを訴えることはしなかった。だからエマニュエルとブリジットの恋は、クリスチャンとガブリエルの恋よりも恵まれていたといえる。

人生を変えた演劇

そうはいっても、息子の人生にいきなり現れたこの愛は両親をうろたえさせた。ブリジットが教鞭を執り、エマニュエルが生徒として通っていたイエズス会系の名門ラ・プロヴィダンス校があるアミアンのブルジョア地区には噂が駆けめぐった。

エマニュエルの両親がどれほどリベラルな人たちでも、わが子と教師の恋愛を知って喜ぶことはできなかった。もちろん、少し前からすでに息子がほかの子と違うことはわかっていた。

エマニュエルは頭脳明晰で感じがよく、社交的で、その話術で誰をも夢中にさせるが、根本的には孤独を、あるいは祖母と過ごすことだけを好む少年だった。しかも無類の本好きだった。彼はいわば世界の外側にはみ出していた。あるいは、自分がつくった世界の内側にいた。マクロン自身が『Révolution（革命）』の中で、自分は「文章と言葉を通じて」生きていたと認めている。

そんな彼が文章と言葉以外に夢中になっていることが二つだけあった。ピアノと演劇だ。

そしてまさにその演劇を通じて――演劇はエマニュエルにとって新たな発見だった――彼はブリジット・オジエールと出会った。その後の成り行きについてエマニュエル自身が語った言葉を紹介しよう。

「高校で演劇を通じてブリジットと出会った。そしてひそやかに心を通わせ、恋に落ちた。知的な共犯関係が、日を追うごとに相手を想う親しさに変わっていった。その後、何の葛藤をおぼえることもなく、いまも愛は続いている」

〝相手を想う親しさ〟という言い回しの背後に、ロマンチックな恥じらいが感じられる。

ブリジットのほうは、ラ・プロヴィダンス校に赴任したとき、教師がみんなエマニュエルの話ばかりしていたことをおぼえている。ラ・プロ校でエマニュエルと同級生だったブリジットの娘ロランスも、この〝何でも知っているとんでもないクラスメイト〟のことばかり話していた。ブリジットはエマニュエルのフランス語の授業を受けもったわけではなかったが（弟ローランと妹エステルには教えた）、演劇クラブで彼を指導した。そしてすぐにその並外れた知性の形に、これまで出会ったことのない精神の形に心を奪われた。

「いまでも驚いています」とブリジットは、うっとりとした表情でいう。

「彼はいつも並外れていました。フランス語でも、歴史でも、地理でも。例外は数学だけです。優秀でしたが、ずば抜けていたわけではありません……。彼は何でもすぐにおぼえてしまうんです。そしておぼえたことを、頭の中の適切な場所に収める。ちゃんと秩序正しく」＊1

二人の約束

偶然を装った恋の演出と駆け引きを通じて、年齢や経験などすべてがかけ離れた二人のあいだで、文学を語り合う以上の関係がすぐに築かれていった。ロマンチストが恋に落ちる場合によくあるように、きっかけは〝言葉〟だった。

「毎週金曜日に彼女と一緒に何時間も戯曲を書いた。それは一カ月続いた。戯曲が書き上がると、私たちはそれを一緒に上演することにした。二人であらゆることを話し合った。書くことは会うための口実にすぎなくなった。私たちはずっと前から互いを知っているような気がしてならなかった」＊2

数年後にブリジットは――彼女はそのときもまだエマニュエルとの特別な出会いの興奮と感動の真っただ中にあった――、友人の一人にこう打ち明けている。「戯曲を一緒に執筆していたとき、まるでモーツァルトと作業をしているみたいな気がしたわ！」。

ブリジットは当時三九歳。もちろん最初は抗おうとした。彼女は、夫と三人の子どもと何一つ不自由のないブルジョアの暮らしを送っていた。少なくとも物質的には。だが、何かが物足りなかった。

銀行家だった前夫アンドレ＝ルイ・オジエールについて、彼女は何も語ろうとはしない。遠慮と慎みからだが、もしかしたらいえない、あるいはいいたくないことがあるのかもしれない。とにかく彼女が幸せでなかったことだけは確かだ。そうでなければ、あれほどのリスクは冒せないだろう。夢見るような風貌をした一六歳の男子生徒の愛に、すべてを託す気になどなれないはずだ。「勉強を続けるためにパリに行くけれど、かならず迎えに戻ってくる」と約束した、ぐしゃぐしゃの髪と純粋でまっすぐなまなざしをした青年の愛の誓いにすべてを賭ける気にはならなかったはずだ。

若さゆえの自信あふれる態度で、エマニュエルは彼女にこう宣言した。

「ぼくは戻ってくる。そしてあなたと結婚する」

彼は約束を守ることになる。ジルベール・ベコーの歌にあるように――〝きみのもとに戻ってきた／待っててくれるとわかってた／わかってた、ぼくらが／お互いなしでは長くはいられないことを……〟。

吹き飛んだ〝青春の恋〟

当時のエマニュエルは大通りを悠然と歩いているようなものだった。それほど楽々と優秀な成績を収めていたのだ。ラ・プロ校で彼は授業をのんびり散歩しているようだった。女の子はどう見ても彼の一番の関心事ではなかった。

両親はエマニュエルに一人だけ同年代のガールフレンドができて、その子がアミアンの自宅に一度遊びに来たことをおぼえている。父のジャン＝ミシェルは、「息子と同い年の可愛らしい子だったよ。近所に住む同僚の医師の娘さんで、お付き合いは数カ月ほど続いたな」と説明し、のちに医学部に入ったその子を指導したことがあるといい添えた。母親のフランソワーズはこの付き合いを、「クラスメイトの女の子との青春の恋」といい表している。

状況がどうであれ、この〝青春の恋〟はブリジットとの出会いで吹き飛んだ。エマニュエルとブリジットの双方が感じた、互いを必要とする、絶対的で歴然とした強固な想いの前に消え去った。一時期、息子はブリジットの娘で同級生のロランスと付き合っていると思っていた両親は、偶然、二人の恋を知ることになった。

「シャンティイ近郊にある友人の祖母の家に仲間たちと泊まり、みんなで大学入学資格試験《バカロレア》のフランス語を勉強する」といって家を出ていったエマニュエルのもとに、まさにその友人から次の週末の予定を確認する電話が入ったのだ。その電話でフランソワーズは、息子の〝マニュ〟がシャンティイにはいないことを知った。毎日電話をかけてきて、滞在先での様子やその日の出来事を伝えていたというのに……（「サイクリングをしたんだけど、最高だったよ」）。

滞在予定の一週間が終わり、仲間との試験勉強から戻ってきたことになっている息子をジャン＝ミシェルが駅まで迎えに行った。だが、家に着くなりいい争いになったという。当時のことをフランソワーズはこう証言する。

「私にとっては、息子がブリジットと付き合っていたことが問題だったわけではありません。あの子が無事に帰ってくるように、トラブルに巻き込まれないようにと、そればかりが心配だったのです」

だが、それはジャン＝ミシェルの話と微妙に食い違っている。彼の言葉を信じるなら、当時フランソワーズはかなり「頭に血が上っていた」。現実主義者のジャン＝ミシェルは、「そのうち熱が冷めるだろうと心の中でいい聞かせていたよ。いろんな面で自由であることが、もっとも大切な価値なのだと自分に納得させてね」と語り、こう付け加えた。

「心配はしていなかったが、それでもエマニュエルにはまだ学業が残っていて、すべてを台無しにするわけにはいかなかった」

格好の噂話

とはいえジャン＝ミシェルも、息子がブリジットと付き合っていることを知って驚き、椅子から転げ落ちそうになったらしい。フランソワーズも、「エマニュエルがブリジットと親しくなったと知って、〝まあ、すてき！〟と喜ばなかったことだけは確かです」と認めている。

だが自分の母、つまりエマニュエルの祖母マネットが「とても理解のある態度を示しました」と証言し、こう続けた。

「私たちが、つまり自分の子どもたちがこんな恋をしたら、母は絶対に許さなかったでしょう。それなのに、孫の恋愛となると、もっとずっと進歩的で寛大でした」*3

当時、子どもの自由を尊重しながらもやはり少しうろたえたエマニュエルの両親は、ブリジットに会い、息子が成人するまでは会わないでほしいと訴えた。だが、それがはたして賢明な解決策なのかどうか、正直、ジャン＝ミシェルには疑問だったという（「逆効果になるかもしれないとも思ったよ」）。それでも妻が頑としていい張るので、彼はしぶしぶ不似合いな役柄を引き受け、「息子が一八になるまで、あの子と会うのを禁じる」とブリジットにいい渡した。するとブリジットは、「何も約束できません」と涙ながらに返答した。

一方、母のフランソワーズは、この恋がいっときのもので終わりそうにないとすぐに気がついた。そこでブリジットにこういった。

「わからないのですか？　あなたにはすでにあなたの人生がある。でも、このままだとエマニュエルは、自分の子どもをもつことができなくなるのですよ！」

おわかりだろうが、これはアミアン版『ロミオとジュリエット』ではない。だがそれでもアミアンのような小さな地方都市では、イエズス会系名門校の尊敬を集めるフランス語教師で、既婚者で、三人の子があり、マカロンで有名な老舗の菓子店を営むトロニュー家の出であるブリジット・オジエールと教え子との恋は、大いに世間の顰蹙《ひんしゅく》を買った。

二人の関係は、いまでもミサに通っているような人々に、ミサを終えて教会を出てきたときの格好の噂話のネタを提供した。フランソワーズは、当時勤務していた病院の窓口の女性スタッフの、まるで家族の誰かが亡くなったかのような過敏な反応をまだおぼえている。

「大変なことになってしまったわね！　あなたのことが心配よ。本当にお気の毒！」

転校

ちょうどその頃、エマニュエルはタイミングよく、高校の勉強の総仕上げをするためパリの学校に転校した。これはブリジットとの恋愛がもたらした、あるいは恋愛騒ぎで急遽予定を前倒しにして講じられた措置だったのだろうか？　つまり、両親にとってエマニュエルの転校は、息子をブリジットから引き離すための手段だったのか？

　そうではないと両親は主張する。そして二人とも、自分たちが息子を「追い出した」とするストーリーに異を唱えている。

　もちろん、愛に身を焦がす才気煥発《かんぱつ》な青年が首都へと旅立ち、その決意と祖母の後押しによって自分の意志を貫き、周囲に愛を認めさせたというストーリーは華々しさにあふれ、伝説にもなり、ロマンチックな人物像をつくり上げる。だが、現実はもっと複雑だ。

　エマニュエル・マクロンは大統領選に打って出るという選択を周囲に認めさせるために奮闘したが、この恋愛においても、彼がとった選択を世間に認めてもらうために全力で闘わなければならなかった。彼は熱を込めていう。

「ええ、自分の人生とキャリアを得るため私は闘った。闘いはたやすくもなければ単純でもなく、ましてや努力をせずに手に入るものでもなく、既存のモデルに従うものでもなかった」＊4

「あなたは両親に家から追い出されたのですか？」とエマニュエル本人に尋ねてみると、彼は「それは違う」と断言した上で、「それでもはじめ、両親は納得しなかった」と説明した。

「強靭《きょうじん》な意志が必要だった……。両親は何度もこんな関係はすぐに終わると考えたようだ。そして実際、そうなるように画策した。当然だと思う。私だってもし親の立場だったら、どう対処したかわからない」

この試練の時期について語るとき、エマニュエル・マクロンの口調はいまだに熱を帯びる。

「とてもつらかった。だが、おかげでいろいろなことが学べた。何しろ私とブリジット、双方の家庭の事情があったから。社会生活もあるし、勉強もしなければならないし、社会に出て働く必要もあった。パートナー同士の人生のサイクルがずれているというのは厄介だ。さまざまなことを受け入れ、もろもろの責務を負い、ほかの人と違う人生を歩むために闘わなければならなかった」

彼はそこでひと息ついて付け足した。

「私とブリジットは一五年間、そんな人生を歩んだ。いまある状況は、私たちが勝ちとったものだ。そうなりたいと私たちが望んだ結果だ。短期間に自然にそうなったわけではない」

試練

彼にとってこの一五年は永遠の長さにも感じられたことだろう。大通りの脇で生きることを余儀なくされた、とてつもなく長い一五年。のけ者になったわけではないが、普通とは異なる世界で暮らした一五年。その間彼は、すでに存在する家族の関係が崩れないように気を配り、社会の既成概念や、既成概念が生み出すロジックに対して自分自身を貫こうと奮闘した。

「一瞬たりとも他人《ひと》の目を気にしたら負けだ。何しろ私たちのことをよく知りもせずに興味本位の目を向ける人たちから、そして時には身近な人たちからもほとんど理解されない日々を何年も送らなければならないのだから」*5

エマニュエル・マクロンの口から一気に言葉がほとばしった。それはまるで内に秘めた怒りが噴き出すような、ブリジットが自分にとってなぜこんなにも大切な存在なのか訴えるような口ぶりだった。さらには、試練を乗り越え、若くして下した決断の数々を周囲に認めさせ、「女は若いほうがいい」と考える世間の冷ややかな視線――セルジュ・レジアニはこうした既成のイメージに逆らって〝ぼくのベッドにいる妻は、もうだいぶ前に二〇歳ではなくなった〟と歌ったが――をものともしなかった自分は、この国を征服することだってできるのだと、暗に主張するようでもあった。

彼の話を聴いていると、ブリジットとの恋愛が彼を子どもから大人へと、思春期を経ずに一足飛びに成長させたのがよくわかる。おそらくそのせいだろう、彼は笑ってこう語る。

「ティーンエージャーがどんなものかわかったことがない。私は長いあいだずっと子どもで、そのあといきなり大人になった。ティーンエージャーというあの不確かな時期を経験したいとは思わなかった」

そしていま、両親が最終的にブリジットとの恋を許してくれたこともまた、一つの「愛の証」だと認めている。

グランゼコール準備級

かねて、自分の子どもたちをパリで学ばせたいと考えていた父親のジャン＝ミシェル・マクロンによれば、高校の最終学年をパリで学びたいと希望したのはエマニュエル自身らしい（「息子がそう望んだんだよ」）。ブリジットもエマニュエルを後押しした。ジャン＝ミシェルはいう。

「その件についてはずいぶん前から話し合っていた。これは以前から予定していたことだったんだ。エマニュエルは優秀だったので、グランゼコール準備級［高校（リセ）に設置されている、グランゼコールや高等商業学校の入学選抜試験の準備を行うクラス。バカロレア取得後、書類と推薦状にもとづき準備学級で学ぶ学生が選抜される］に入れることを考えた。私とフランソワーズはエマニュエルに、そしてパリの名門アンリ四世校の〈高等数学クラス〉に入学が認められた弟のローランにも妹のエステルにも、最良の環境で学ばせ、なるべく多くのことを経験させたいと思っていた」

妻フランソワーズの説明も同じだ。

「ラ・プロヴィダンス校にはエマニュエルにライバルがいなくて、切磋琢磨する機会がありませんでした。私もジャン＝ミシェルも医者でとても忙しく、詳しく調べる余裕はあまりなかったのですが、それでもエマニュエルが高校の第一学年に上がったときからすでに、パリで勉強させることを検討していました。だからあの子の転校は、ブリジットとの恋愛とは関係ありません」

つまりエマニュエルのパリ行きは、子どもの将来を考える教育熱心な親によくある選択の結果ということらしい。

というわけで、高校の第一学年の最後に、ラ・プロ校の教師がエマニュエルの評価書をアンリ四世校に提出した。その結果、彼は高校の最終学年からアンリ四世校で学ぶことになった。両親はパリに赴き、息子の住まいを探した。見つけたのは同校からすぐ、ピエール・エ・マリー・キュリー通りにある小さな屋根裏部屋で、その建物に住む人が大家だった。エマニュエルはそこで一年間暮らし、その後、両親が購入したサンテ通りにある小さなアパルトマンに移った。サンテ刑務所からすぐの場所にあるそのアパルトマンには、のちにエマニュエルの弟と妹も住むことになる。

パリで最初に住んだ屋根裏部屋はけっして贅沢な造りではなかった。トイレは階段の踊り場にあり、調理コンロは洗面台の下に設えられていた。エマニュエルははじめ、アンリ四世校の〝半寄宿生〟［昼食だけ寄宿生と一緒に食べる通学生］だったが、自分の意志でその立場をやめた。その結果、生活の負担は増えたが、彼はけっして親に見放されていたわけではなく、パリに上京してくる多くの地方の学生と同じように両親の仕送りを受けていた。母フランソワーズは、「エマニュエルと関係が途絶えたことなど一度もありません」と強調する。彼女は小分けにした手料理を息子の冷蔵庫に収め、週末ごとにアミアンに戻ってくる息子の汚れ物を洗った。父親も、

「あの子を家から追い出したなんてことは絶対にない！」と述べている。

輝きを失った〝神童〟

とはいえ、エマニュエルにとってパリに引っ越してからの最初の数カ月は苦労の連続だった。何しろ、見知らぬ土地で慣れない一人暮らしを始めただけでなく、つねにトップだった彼が、さらに優秀な生徒たちといきなり相まみえることになったのだ。

〝神童〟はその輝きを失った。初めて逆境に立たされ、もう一番ではなくなった。いつもほめそやされ、憧れの対象で、クラスメイトに真似されてきたエマニュエルには初めての経験だった。フランソワーズもいう。

「とても大変でした。平均一一点から一二点しかとれなかったのですから［フランスの採点方式は二〇点満点。一七点以上はなかなか出ない］。でも、クリスマス休暇で挽回しました」

時々こっそりブリジットと会ってはいたのだろうが（彼女は当時まだアミアンで教師をしていて、既婚者だった）、エマニュエルにとってはやはり相当つらい時期だったようだ。あれほど社交的な青年でも、パリでは拠りどころになるものがなかった。何しろ、敬愛する祖母と実家から離れ、なじみのないパリという大都会で、そのパリでもきわめて恵まれた子どもたちが集まる競争社会の真っただ中に放り込まれたのだ。

彼は自著『Révolution（革命）』の中でアンリ四世校への転校は「素晴らしい冒険だった」と記し、昔の小説に出てくる主人公たちを引き合いに出してこの時期を美化している。たとえば、「私は小説の中にしか存在しないような場所で暮らしはじめた。フローベールやユーゴーの小説の登場人物が歩いた道を自分も歩いた。バルザックが描いた若き狼たちの激しい野心に胸を躍らせた」といった具合に。だがこの時期、彼はそんなロマンチックな高揚感に四六時中浸れていたわけではなかったはずだ。

アンリ四世校

エマニュエルの友人の一人が強調するように、アンリ四世校といえばルイ＝ル＝グラン校とまではいかないものの、それでもやはり田舎者などほとんどいないパリの歴史ある地区にあり、生まれたときからずっとセーヌ左岸に住んでいる子どもが生徒の大半を占める学校である。つまり、社会学者のピエール・ブルデューが唱えた〈エリートの再生産〉を完璧に象徴する、選ばれし人たちの子弟が通う学校なのだ。

そこは閉ざされた王国であり、外部の者がおいそれと入り込める場所ではない。もちろんエマニュエルはブルーカラーの労働者の子どもではない。だが、彼は見知らぬ環境に溶け込まなければならず、その内部にある暗黙の約束事やしきたりを知らなかった。だから明らかに、転校後の数カ月間はパリへの引っ越しに先立つ時期と同様、大変な試練を味わったはずだ。

そんなエマニュエルの支えとなったのがブリジットへの愛、彼女に対する強い想いであり、すでに彼の心にあった「愛する女性とともに、自分が選んだ自分の人生を生きる」という揺るがない決意だった。

二人だけの秘密

エマニュエルがフランスで成人と見なされる一八歳になり、アンリ四世校のグランゼコール準備級に進学を果たしたあとも、ブリジットとの愛は深まる一方だった。二人が会話を交わさない日は一日もなく、エマニュエルの気持ちも変わらなかった。彼は母にこう宣言した。

「母さん、ぼくはいまも変わらずブリジットを愛している。わかってくれたら嬉しいよ。そうじゃなきゃ、こっそり付き合うことになるからね」

「あの子はこの愛を貫くつもりだ」と確信していたフランソワーズは、息子に翻意を促したことすらなかったという。

「エマニュエルにあきらめさせる？——いいえ、あの子にあきらめさせるなんて無理ですよ。とびきり意志の強い子ですから。これは真剣な付き合いになると私にはすぐにわかりました。ただ、周囲はあの子にいいましたよ。〝よく考えろ、向こうにはすでに三人の子どもがいるんだぞ〟と」

二人の恋愛は正確にはいつ始まったのだろう？　知的な議論を交わす親密な関係が恋愛へと変化したのはいつだったのだろう？　それを断定するのは難しい。エマニュエルもブリジットも、時期を特定するような発言を一切慎んでいるからだ。ブリジットはいう。

「二人の関係がいつ恋愛に発展したか、誰も知ることはないでしょう。それは私たちだけの秘密です」＊6

それでも彼女は、国立行政学院《ENA》で学んでいたエマニュエルが研修を受けるためナイジェリアに発つ前に、三連の指輪を贈ったことは認めている。彼が右手の指にはめているその指輪（同じものをブリジットもはめている）は噂の的になった。それは二人の婚約指輪だった。

「ナイジェリアに出発するときプレゼントしたんです。あれほど長いあいだ――半年ものあいだ離れ離れになるのは初めてでした」

結婚式

歳月とともにエマニュエルの両親とブリジットの距離が縮まり、二〇〇〇年にフランソワーズは、エマニュエル、ブリジット、それに末娘エステルと同い年のブリジットの娘と一緒に四人でバカンスに出かけるほどになった。その七年後。彼女はジャン＝ミシェルと母マネットとともに、エマニュエルとブリジットの結婚式に出席した。田園風にアレンジされた式はブリジットの実家、トロニュー家の本拠地であるル・トゥケで開催され、同家の屋敷の真向かいにあるウェストミンスター・ホテルが会場となった。

結婚式にはミシェル・ロカール夫妻のほか、オランド大統領の広報アドバイザーを務めたガスパール・ガンツェール、マティアス・ヴィシュラ、セバスチャン・ヴェイユなど国立行政学院《ENA》の友人たちが出席し、新郎側の証人はパリ政治学院時代からの友人であるマルク・フェラッチと、エマニュエルのパリの〝代父《パラン》〟で〝庇護者〟のアンリ・エルマンが務めた。フランソワーズは、「私たちはとても幸せでした。式をお膳立てしたのはエマニュエルの友人たちで、私は音楽を担当しました。二人は『ラデッキー行進曲』に合わせて入場したんですよ」と語る。

式の様子を撮影したビデオは、ピエール・ユレル〔映像ディレクター、プロデューサー〕がエマニュエル・マクロンをテーマに制作したドキュメンタリー『La stratégie du météore（流星の戦略）』で観ることができる。ビデオの中でエマニュエルは、自分とブリジットのカップルを認めてくれた人々に感謝を捧げるスピーチをしている。

「みなさんのお一人お一人が、私たちが歩んできたこの一三年の証人です。みなさんは私たちの歩みを認め、今日ある私たちにしてくださいました。つまり、異例なもの、普通――この言葉は好きではないのですが――普通ではないけれども現に存在するカップルを認め、応援してくださったのです。すべてはみなさんのおかげです」

異例のカップル

確かにこの二人は〝普通ではない〟異例のカップルだ。だが、その特殊性は年齢差によるというよりも、ブリジットがおそらくエマニュエルの愛したたった一人の女性であるという純愛性から生まれている。ブリジットはエマニュエルにとって唯一の女性であり、自分の子どもをもつことをあきらめてでも一緒になりたかった女性なのだ。

歳月が痛みをやわらげ、傷をふさいだ。血のつながらない子どもや孫を自分の家族として受け入れるという息子の選択に苦しんだ母フランソワーズの心も穏やかさをとり戻した。あまりにも歴然とした愛を前にして、フランソワーズは抗《あらが》うのをやめたのだ。

「エマニュエルはブリジットを熱愛しています。国立行政学院《ENA》で学んでいた頃、あの子の部屋には女の子からもらった手紙が何通もありましたが、どれも封すら切られていませんでした。あの子の前でスーパーモデルのレティシア・カスタに服を脱いでもらっても効果はないでしょうね。エマニュエルとブリジットのあいだにあるのは、一心同体の愛ですもの」

そして茶目っ気たっぷりにいい添えた。

「私にとってブリジットは友だちですよ。義理の娘じゃなくて」

第四章

生涯唯一の女性、ブリジット

仲睦まじい夫婦

ブリジットは新聞や雑誌に少しずつ登場しはじめた。最初は目立たずそっと姿を現した。まずVSD誌が、マクロン家の邸宅のあるル・トゥケで週末を過ごすエマニュエルとブリジットの隠し撮り写真を掲載した。二人は手をつなぎ、エマニュエルは不思議なことにシャツを二枚重ね着してジーンズをはき、ブリジットはミニスカートにウェッジソールのスニーカーというでたちだった。その写真が出たあと、彼女はおおやけに姿を現した。大統領府（エリゼ宮）で開催された国家晩餐会に出向いたときの様子がパリ・マッチ誌の表紙を飾ったのだ。

全身をルイ・ヴィトンで飾り（白いレースの膝上丈のドレスにベージュのコート）、ブリジットは夫とともに大統領府（エリゼ宮）の玄関前の階段に到着した。手をつなぎ、二人とも輝くような笑みを浮かべていた。この写真を通じてエマニュエルは、まだ大統領夫妻としてではないものの、メディアの目を引くまるで新婚ほやほやのような仲睦まじい夫婦のイメージをさりげなく築き上げることに成功した。

と同時に、新しさを強調する男性としては皮肉なことに、伝統的で〝使い古された〟手段――ニコラ・サルコジ元大統領や、〈ペネロプ・ゲート〉の渦中にあるフランソワ・フィヨン［二〇一七年の大統領選を争う中道右派の有力候補だったが、勤務実態のない妻ペネロプに議員秘書として公金から多額の給与が支払われたとする疑惑が二〇一七年一月に浮上し、支持率が急落した」など、先輩政治家たちが好んで使ってきた手段に訴えた。

つまり、おしどり夫婦ぶりを強調することで、家族や夫婦といった伝統的な価値をいまもまだ重視するフランスの保守層にアピールしたのである。

大衆誌にも登場

当時はオランド大統領が事実婚のパートナー、ヴァレリー・トリルベレール［ジャーナリスト、TVキャスター］と別れてジュリー・ガイエ［女優、映画プロデューサー］と人目を忍んで交際を続けており、〝政治家の妻またはパートナーたち〟による舞台は主役不在の状態となっていた。そこにブリジット・マクロンが颯爽と現れたのだ。

この新しい登場人物はたちまちメディアの注目の的となり、大衆誌はこの特異な夫婦について盛んに書き立てるようになった。パリのディナーでもマクロン夫妻のことが話題に上りはじめた（もちろん、二人が出席していないパーティーでの話だ）。そしていつも当然のごとく、年齢差にまつわる疑問や、無理解と紙一重の見解が口にされた。現代的であると同時に伝統的で、革新的であると同時に保守的なこのブリジット・マクロンという人物について、数々の疑問が噴出した。まさに小説に出てくるようなこの女性が、人々の興味を大いにかき立てたのだ。

ブリジットは、「良識のあるブルジョアの家に生まれ、パリのベンジャミン・フランクリン通りにある名門サン＝ルイ・ド・ゴンザーグ校で教えるフランス語教師」というイメージから連想される人物像よりはるかに複雑で型破りで、強烈な存在感を放つ女性だ。いつも笑みを絶やさず、不機嫌な顔を想像できないほど朗らかだが、そんな外見からかけ離れた苦悩と傷を胸に抱えている女性でもある。

彼女はエマニュエルが一六歳のときからそばにいて、彼の苦労とキャリアアップを支え、家族に立ち向かい、自分の子どもたちにエマニュエルとの自明の愛を理解させ、小さな地方都市で人々の噂や悪意のある視線や非難に耐え、この愛を貫くために銀行家の夫と三人の子どもを捨てた。決意と勇気はけっしてエマニュエルの側だけにあったわけではない。そのことは彼自身認めており、自著『Révolution（革命）』内でこう書き記している。

「真に勇敢だったのはブリジットだった。並々ならない意志を、粘り強く貫き通したのは彼女のほうだった。彼女には当時、夫と三人の子どもがいた。一方、私はただの学生でしかなかった。彼女は財産目当てに私を愛したわけではない。地位や居心地のよい暮らしや安定を目当てに私を愛したわけでもない。彼女はそうしたものを私のために捨てたのだ。だが、決断を下すときいつも心にあったのは、自分の子どもたちのことだった。彼女は周囲に何も押しつけたりしなかった。ただ優しく、ありえないことがありうるのだとわからせようとした」

意志の強さ

フランス人は女性誌やSNSを通じてハリウッドの〝クーガー〔若い男性と付き合おうとする肉食系中年女性〕〟には慣れ親しんでいるはずなのに、意外なことに、エマニュエル・マクロンのいうところの「ありえないこと」、つまりブリジットとエマニュエルの年齢差が議論を呼んだ。これは男性セレブが自分よりもずっと若い女性と付き合うことにはもう驚きもしないフランス社会も、男女が入れ替わると保守的になるということの証である。

これについてはエマニュエル・マクロンが真っ先に不快感をあらわにした。

「男のほうが年上だったら、年齢差は問題にはならなかっただろう。これは根強く残る女性蔑視の表れで、私とブリジットが世間で噂されてしまう理由の一部を説明している。人は〝純愛〟や〝生涯で唯一の人〟の存在を受け入れることができない。だが、おそらく私にとってブリジットは〝唯一の人〟なのだ。そのことは最初からわかっていた。先ほどあなたはいみじくも〝運命〟という言葉を口にした。決断を下したとき、私にはわかっていた。〝運命の人〟だということはどこからどう見ても明らかだった」＊1

つまり彼は、ブリジットが自分にとって特別な女性であることを知っており、彼女のために自分の子をもつことすらあきらめたのだ。

以前、エマニュエル・マクロンは人生で感銘を受けた人物について問われたとき、哲学者ポール・リクールとミシェル・ロカールに次いでブリジットの名を挙げた（「彼女の意志の強さに驚いた。彼女こそ真の反逆者だ」）。彼はブリジットこそが自分にとっての〝選ばれし人〟〝生涯で唯一の人〟であることをわかっていた。まさにその点にこそ、このカップルの特異性はある。だが、人々の関心は「世を賑《にぎ》わせている年齢差」に向きがちで、ジャーナリストのリュック・ル・ヴァイヤンもリベラシオン紙の時評欄でこう述べている。

「人生の黄昏に達すると、彼ら（男たち）は誰もが認める名声や才能や、多少ぐらつきはじめた権力を利用して、活力を与えてくれる美女や生殖能力の高い若い女性を手に入れようとする。ならば、中高年の女性が若い男性を手に入れようとしてはならない理由など一つもない」*2

闘士

けっして〝若い男性を手に入れる〟ことがブリジット・マクロンの狙いだったわけではない。だが彼女は事実上、夫や恋人が若い女性に走ったために捨てられたフランス全土の中高年女性たちに代わって立ち上がった闘士に祭り上げられている。先に挙げたル・ヴァイヤンは、「ブリジット・マクロンは女の側から男の側へ、先陣を切って痛烈な回答書を突きつける存在として認識されている」と分析する。

だが同時に彼女は、アンリ二世〔一五一九～五九〕の家庭教師で愛人でもあった二〇歳年上のディアーヌ・ド・ポワチエや、ナポレオン・ボナパルトよりも六歳年上である事実を必死に隠した彼の妻ジョゼフィーヌのような存在にもなっている。つまり、パートナーである男性の優れた資質に本気で惚れ込み、彼をひたすら引き立てるという、女性におおやけに与えられてきた伝統的な役割を担っているのだ。

ブリジットは夫のそばにいるために愛する教職をなげうち、彼にアドバイスし、彼を勇気づけてサポートするために存在している。ル・ヴァイヤンもこう記している。

「彼女は夫にはっきりものがいえるし、知識で勝ることもできる。にもかかわらず、高い地位に就いているのはエマニュエルのほうで、彼女は夫に寄り添っているにすぎない。ブリジットが若くて有能な男性秘書に支えられ、大統領候補となるには時期尚早なのだ」

年齢差にまつわるあれこれの見解のすべてにブリジットはいら立っていた。物事を歪《ゆが》めて映し出すメディアの拡大鏡を通じて事細かに検分された彼女は、世間が驚いていることに驚き、率直にこう語る。

「年の差を強調する人たちは、私とエマニュエルがどんな人間かまるでわかっていません」*3

ざっくばらんな性格

ブリジット・マクロンは温かみのある声で、知り合ってすぐの人にも率直にものをいい、即座に相手の懐に飛び込む。変に言葉を選んだりせず、警戒して身構えることもない。ざっくばらんな性格なのだ。やや純真すぎるきらいもある。いや、もしかしたらそれほどではないのかもしれないが……。

とにかく、彼女が夫エマニュエル・マクロンについて語るとき、瞳はキラキラと輝き、声は生き生きと熱を帯びる。彼女の話を聴いていると、エマニュエルがほかの人とはまったく違うユニークきわまりない存在で、未確認飛行物体《UFO》か、地球外生命体《ET》のように思えてくる。そんな彼はまだ四〇歳にもなっていない。

一方のブリジットは六三歳。だが、それがどうしたというのだ？　ブリジットの心はつねに二〇歳のままであり、エマニュエルもそうだ。彼女はいろいろな質問に辛抱強く答えながらも、同時にジャーナリストや横暴なメディアの詮索好きな目からプライバシーを守るという芸当をこなしている（しかも必要があれば、みずから進んで美味《おい》しいネタを提供することもある）。彼女は小さくても優秀な兵士であり、すでに素晴らしい働きぶりを発揮している。最初は大臣の妻として、いまは大統領候補の妻として。そして、この先はひょっとしたら……？

苦しい恋

すでに述べたように、ブリジットとエマニュエルの出会いは決定的で、二人が恋に落ちるのは必然であり運命だった。

映画の中にしか出てこないような、フローベールの小説の二〇世紀版のような、まるで骨董品のような美しい恋。だがそれは同時に、アミアンのブルジョア階級の窮屈で息が詰まりそうな世界で繰り広げられた苦しい恋でもあった。そこには涙や叫びがあったはずだ。苦悩も、人生を左右する選択も、中傷もあっただろう。もちろん、ブリジットは人々の悪意にさらされた。だが彼女は意に介さなかった。あるいは、意に介していないように振る舞った。彼女は何があっても自分は幸せだと考えるタイプで、どんなときにも前向きで明るく朗らかだ——これはパリに暮らす女性にはめったに見られない特徴だろう。

ブリジットの話しぶりからすると、彼女を咎《とが》め、告発し、時に嘲笑した世間の陰口はまるで彼女の耳には入らなかったかのようだ。悪口はブリジットを素通りしていった。というのも、彼女にはそんなことよりもっと大きな心配事があったからだ。闘病中の両親のこと、そして何より、自分の子どものこと。

「あの子たちに迷惑をかけることだけは何としても避けたかったのです。私にとってもっとも大切なのは子どもたちでした。両親と子どもたちを悲しませないこと、それが一番でした。私の頭の中は田舎町の噂話なんかより、もっとずっと大事なことで一杯だったんです。いずれにせよ、私は誰とでも話をする気さくな人間ですが、どんなことであれ、私に面と向かってあれこれいう人などいませんでした」

ピカルディ地方の名家

確かに世間の人は面と向かってあれこれいわなかったかもしれないが、彼女の兄弟姉妹――とくにブリジットよりも二〇歳以上年上の兄となると話は別だ。なぜなら、ブリジットがアミアンでは有名なトロニュー家の出だからだ。

同家はカトリックで右寄りの、ピカルディ地方の名家だ。父から子へと代々受け継がれてきた老舗のチョコレート店を営み、アミアンだけでなくアラス、リール、サン＝カンタンにもある店の入り口の看板には、〈父から息子へと受け継がれて五代目〉と書き記されている。上品で慎み深いが影響力のある家で、マルク・アンドヴェルド著『L'Ambigu Monsieur Macron（曖昧なムッシュー・マクロン）』*4によれば、一九九〇年代にはアミアンのジル・ド・ロビアン市長の有力な支援者だった。

当然、トロニュー家にとってブリジットの恋愛は、平穏な暮らしの変わらぬ秩序を乱すものであり、すんなり受け入れられるものではなかった。

「ええ、兄弟姉妹は反対しましたよ。不道徳だといって！　モラルに反すると決めつけて！」


ブリジットはいったい何が非常識なのかいまでもわからないと主張し、驚きの口調でいった。

「非常識ですって、この私が？　確かに非常識に見える選択はしましたが、それは相手がエマニュエルだったからです。若い男性を追いかけたわけじゃありません。私はつねにエマニュエルを同年代の男性のように見てきました。私は家族を捨てて若い男性に走るタイプじゃありません！　そもそも……」と彼女は真顔で続けた。

「いまエマニュエルと同年代の、つまり三〇歳や四〇歳のほかの男性を見ても、絶対に一緒にはなれないって思いますよ！　この恋愛は相手がエマニュエルだから成立したんです。若さに惹かれたわけじゃありません。エマニュエルはまれに見る知性と素晴らしい人間性を併せもっています。どんなことがあっても前に進み続ける力も」

妻であり母であり祖母

出会いから二〇年以上を経てもまだエマニュエルにぞっこんのブリジットにとって、要するに二人の年齢差はとるに足らない瑣末《さまつ》な事柄にすぎず、大きな問題ではないのだ。一方世間は、このカップルにスポットライトがあたるようになって以来、彼女が意識してこなかった年齢差という特異性を残酷にも彼女に強調した。だが、彼女は自分を〝クーガー〟だとはまったく思っていない。

「私とエマニュエルはいたって普通の夫婦です。特別だとは思いません。私たちはお互いを必要とし、もう長いあいだ一緒にいるのですから」

彼女は間違ってはいない。メディアは二人の年齢差にやみくもに焦点をあてることで――その一方で、エマニュエルが自分の子をもたない選択をしたことについては触れようともせずに――本質を見えにくくしてしまった。この夫婦の特異性は二四歳の年の差にあるのではない。ブリジットがエマニュエルにとって生涯唯一の女性であるという事実にあるのだ。

最初で唯一の女性……。妻であり母であり祖母でもある彼女は、電話でジャーナリストの質問に答えながら孫の相手もするという曲芸をやってのける。

「ちょっと待ってね、お祖母《ばあ》ちゃんはいま、お電話しているの」「ええ、わかったわ、あとでオマール海老さんと伊勢海老さんのお話をしてあげるから」

エマニュエルとブリジットが普通の夫婦か否か？　答えはウィでもありノンでもある。

若いお祖父《じい》ちゃん

エマニュエルは二〇〇七年にブリジットと結婚することで、折り目正しいブルジョアの生活スタイルを受け入れることになった。厳密にスケジューリングされた仕事をこなしながら、トロニュー家の一員として週末はル・トゥケに赴くようになったのだ。マクロン夫妻がトロニュー家から譲り受けたル・トゥケにある屋敷は、フランス北部の裕福な家族が休暇をとるためにやってくるこの海辺の小さな町の中心部にあり、マクロン夫妻はそこで週末を家族で過ごしている。けっして目立つことはなく、あくまで慎ましやかに。

エマニュエルはこの結婚を通じて、すでに存在していた家族をまるごと引き受けることにもなった。ブリジットの家族は当初、二人が付き合うことに強固に反対していたが、エマニュエルは彼らと少しずつ距離を縮め、最終的には信頼を勝ちとることに成功した。七人いるブリジットの孫はエマニュエルの子どもであってもおかしくない年齢で、この若いお祖父《じい》ちゃんを〝ダディー〟と呼んでいる……。

ある大企業の会長が笑って語るエピソードがある。エマニュエル・マクロンに、「きみはお祖父さんなんだぞ」ともののしく指摘しながら、自分がどれほど愚かな言葉を口にしているか自覚したというのだ。

「そういいながら、彼がずっとお祖父さん役を任されてきたことに気づいたんだ。三五年間も!」

それは実年齢と言動が一致しないエマニュエルの特徴を表すエピソードだ。この〝ある大企業の会長〟こと、ITサービス大手のアトス社のティエリー・ブルトン会長はいう。

「エマニュエルは人生の時間の流れを変え、熟年期だけを引き延ばした。彼はいつも自分の行為のすべてを、一歩引いたところから客観的に眺めている」*5

マクロン夫妻と長い付き合いのある人たちはみな、この夫婦は一心同体だという。確かに二人はしょっちゅう愛情表現のしぐさと共犯めいたまなざしを交わし合う。間違いなく彼らは互いを理解し合い、互いを必要とし合っている。加えて人とは違う何か、たとえば高いところから人生を俯瞰《ふかん》するものの見方などを通じて心が一つに結ばれている。

精神的模範

シラク元大統領の妻ベルナデットは、〝定点〟という言葉を使って夫のそばにいる自分の役割を説明した。エマニュエルがブリジットを必要としているのは、同じように彼女が彼の〝定点〟だからだろう。だが、この点は彼を縛りつけるものではなく、身軽さと喜びを与えるものだ。と同時に、社会というジャングルをかき分けて進む能力と、出会うべき人間を探りあてる目利きの力も与えている。しかもブリジットは、誰かと出会ったあと夫と一緒に「状況分析」をするほど優秀だ。

セルジュ・ヴァンヴェール［製薬大手サノフィ社の会長。ヴァンヴェール・キャピタル・パートナーズを率いている］によると、「ブリジットがエマニュエルに自信を与えている。彼女自身、とても陽気で楽天的な性格だ」[*6]

マクロン夫妻とディナーをともにしたことのあるロチルド銀行のダヴィド・ド・ロチルドも、「ブリジットはエマニュエルの人生できわめて大きな役割を果たしている。精神的模範のような存在なのだ」と指摘する[*7]。

ごく自然なカップル

ブリジットは事実、家庭内で絶えずエマニュエルに自信をつけてくれる存在だ。彼はブリジットといれば、祖母と一緒だったときのように励ましと感嘆のまなざしと、甘えを許さない厳しさを得ることができると知っている。彼女は彼の一番の話し相手だ。と同時に、エマニュエルが一六歳のときから彼の解放者であり同伴者だった。彼女はエマニュエルに寄り添い、進学やキャリアアップ、そして恋愛上の成熟を支えてきた。

さらに、彼がパリ政治学院を卒業したあと国立行政学院《ENA》に入る選択をしたのはブリジットのためだったとさえいわれている。文学好きにはそぐわないこの意外な選択について友人が最近エマニュエル本人に尋ねたところ、こんな答えが返ってきた。

「恋愛がなせる業だよ！　ぼくは当時一八で、前に通っていた高校の先生に恋していた。夢中だった。彼女が欲しくて手に入れた。それが妻だ。ぼくは彼女を愛している」

エマニュエルもブリジット同様、自分たちが普通のカップルだと考えていたのだろう、自分とブリジットの関係について友人たちに説明をする必要を感じたことは一度もなかったようだ。

ストラスブールにある国立行政学院《ENA》での日々は、ともすると単調で長々しく感じられるようだが、エマニュエルと同期、つまりあの有名なレオポール・セダール・サンゴール期生［ENAでは伝統的に入学時に自分たちの学年に自由に名前を付ける（政治家や文人の名前が多い）。レオポール・セダール・サンゴールはセネガルの初代大統領で詩人］の一人で、エマニュエルの結婚式にも出席したマティアス・ヴィシュラはこう説明する。

「エマニュエルが女の子を追いかけている姿など見たことがない。彼には心に決めた相手がいて、その女性には子どもがいた。ぼくらにはちょっと考えられないことだが、彼は、自分たちのカップルがぼくらの目にいつもごく自然に映るよう仕向けた。気詰まりも違和感もおぼえたことはなく、至極当然という感じだった。二人の関係には本物だと思わせる何かがあった」＊8

ジャン＝ピエール・ジュイエ［高級官僚、政治家］も、財務省財政監査総局に勤めていたエマニュエルが彼に、「子どもと孫がいる女性」と結婚すると告げたときの口調がいたって自然だったことをおぼえている。まるでそれがあたり前のことであるかのように。

いずれにせよ、エマニュエル・マクロンに彼の私生活についてあれこれ詮索しようとする強者《つわもの》などいなかった。エマニュエルは親しみやすく話しやすい雰囲気をそなえてはいたが、ガードが固く、容易に切り込めるような相手ではなかったからだ。

エマニュエルに出会う前の人生

それにしてもブリジット・マクロンには驚かされる。由緒ある良家のマダムといった雰囲気を漂わせ、伝統を重んじるカトリック系の学校で教えていた経歴の持ち主なのに、いまの暮らしに少々舞い上がっているようにも見えるからだ。スターとセレブに囲まれためくるめく現在の生活を新鮮に受け止め、若い娘のように潑剌《はつらつ》と無邪気に楽しんでいるように見えるのだ。

一部の人たちはすぐに彼女を、「やり手のマネージャーのようだ」「政治家の妻に格上げされた田舎医者の妻みたいだ（これは夫妻を知るある社長の言葉）」などと評した。

だが、彼女はそれだけの存在ではない。夫に甘い愛の言葉をかけ続けてはいるが、夫を通じてのみ存在しているわけではないのだ。エマニュエルに出会う前にも彼女の人生はあった。もっとも、本人はそれについてあまり話そうとはしない。

「もう終わったことですから。いまの人生とは関係ありません」＊9

そこには別れた夫への気遣いもあるだろう。過去について話せば、この恋愛の巻き添えを食った人々をさらに傷つけ、不快にさせることは避けられない。口をつぐむことは、別離に伴う苦悩と痛みに触れずにすむ慎み深い方策なのだ。別離が保守的な人の目には醜聞に映るかもしれないときにはなおのこと、沈黙を守ることが肝要だ。

確かに彼女は既婚者だった。結婚したのは一九七四年、エマニュエルの両親が結婚した年と同じだ。相手は銀行家のアンドレ＝ルイ・オジエールで、一九八四年から九一年までフランス貿易銀行のストラスブール支店長を、次いでアミアン支店長を務めた。ブリジットは夫とともにパリ、ストラスブール、アミアンで暮らし、三人の子を産み、文学修士号を取得し、一九八二年から八四年までの一時期、ノール＝パ＝ド＝カレ地域圏事務所および同地域圏商業会議所の広報担当として働いた。

教師としての道

広報は面白い仕事だがブリジットには合わなかった。彼女が教育の世界に入ったのは、ひょんなことがきっかけだった。

ストラスブールに住んでいた頃（末娘のティファニーを産んだあとのことだ）、上の子の送り迎えをしていた学校の通用門で子どもの同級生の母親に「外に出て働きたいのよね」と愚痴をいったところ、キリスト教系の教育機関で教師を募集していることを教えてもらったのだ。ブリジットはチャレンジしてみることにした。

教師として採用されていなければ、「自分で会社を立ち上げていたでしょうね」と彼女は振り返る。誰かの下で働くのが嫌いなのだ。「私にボスは要りません」。

彼女は採用試験に合格し、ストラスブールにあるプロテスタント系の高校に勤めることになった。実際に教壇に立つとすぐに、ブリジットは教えることの面白さに目覚めた。それ以降、教師としての道を歩むことになる。彼女は教育に情熱を燃やした。VSD誌のインタビューで彼女は、「目がくらむほど楽しかった」と語っている。

「自分は教師に向いていたと思います。教室の中にいるとまさに水を得た魚でした。生徒たちもそれに応えてくれました。給料さえよければ、教師は世界一素晴らしい職業かもしれません！」[*10]

ブリジットは夫の転勤に伴って一九九一年にアミアンにやってきた。文学の中等教育教員適性証をもっていたため、ごく自然にラ・プロヴィダンス校でフランス語とラテン語を教えることになった。そしてそこでエマニュエルと出会った。

ラ・プロ校のあとはパリ一六区にあるイエズス会系のサン＝ルイ・ド・ゴンザーグ校で教壇に立った。ここは実業家や政治家を数多く輩出してきた歴史ある名門のエリート養成校で、ブリュノ・ル・メール〔中道右派の政治家で、マクロン現政権下で経済・財務大臣に就任した〕の母親が長いあいだ校長を務めていた。

その学校で彼女は、ブリジット・オジエール・マクロンの頭文字をとって〝BAM《ベー・アー・エム》〟と呼ばれ、作家のフランソワ・シュロー、ジャン＝ピエール・ジュイエなど、のちに友人となる著名人の子どもたちに教えた。著名人といえば、ブリジットは作家で経済学者のエリック・オルセナとエマニュエル・マクロンを校内で対談させたり、俳優のファブリス・ルッキーニを学校に呼んだりしている。

要するに彼女は大物やセレブが好きなのだろうか？　そう断定するのはあまりにも短絡的だ。おそらく彼女は、才気にあふれるエネルギッシュな人物に惹かれるのだろう。彼女の授業を受けたことのある生徒はみな異口同音に認めている。

「ＢＡＭ《ベー・アー・エム》は〝スーパー教師〟で、終業のチャイムが鳴ったあとも生徒が教室から出ていかないという、奇跡に近い状況をつくり出すことに成功した」

さらに彼女は、生徒を少人数のグループに分けて習ったことを復習させたり、落ち込んでいる生徒や問題を抱えている生徒をすばやく察知し、親身に世話を焼いたりもした。

複雑な内面

ブルジョア家庭の六人兄弟姉妹の末っ子として生まれたブリジットは、その金髪も相まって、伝統を重んじる品のよい雰囲気を漂わせているが、その一方で一筋縄ではいかない複雑な内面をもっている。まばゆい笑みを浮かべ、ディオールのファッションショーの最前列に陣取ったり、ＬＶＭＨグループ会長の娘（デルフィーヌ・アルノー）と知り合ってからはルイ・ヴィトンで全身を着飾ったり――ブランドのロゴが若干目立ちすぎだが――できるようになったことに舞い上がっているようにも見えるこの女性の内側には、亀裂を抱えた人格が潜んでいる。

ブリジットについてエマニュエルは自著『Révolution（革命）』で、「迷いのない溌剌《はつらつ》とした態度の裏」に、「繊細な人だけがもち、そこで自分自身と向き合うこととなる感受性の大陸」が広がっていると分析している。

彼女は好きな作家の中でもとくにモーパッサンの名を挙げ、作家のフィリップ・ベッソンに、「モーパッサンは幼いうちにたくさんの人を亡くし［中略］、あちらこちらで死を見てきました。私もそうです」と打ち明けている。情熱に突き動かされた妥協を知らない人らしく、文学作品のお気に入りの人物を尋ねると、「ドン・ファン」という答えが返ってきた……。

そんなブリジットに女性や子どもへの暴力について語らせると、口調がにわかに熱を帯びる。まるで自分自身が過去につらい体験をしたかのような口ぶりだ。彼女は女性と子どもがひどい扱いを受けることは容認できないと断言し、「想像するだけで恐怖をおぼえます。耐え難いことです。胸がえぐられます。子どもがつらい目に遭うことだけは絶対に許せません」と語る。

そんな彼女を見ていると、放課後、悩みを抱えたティーンエージャーの話に耳を傾けながら胸を痛めている教師ブリジットの姿が心に浮かんでくる。彼女の脳裏にもそのときの光景が蘇《よみがえ》っているかのようだ。虐げられている女性に共感を寄せているからこそ彼女は、イスラム女性のベールの着用を男性の女性に対する抑圧の印《しるし》と捉え、夫のエマニュエルとは違い大学でのベールの着用に反対している。

「エマニュエルはコンセンサスを重視します。でも、私は女性と子どもが虐待されるのが許せません。耐えられないんです」*11

チャーミングでセクシー

ブリジットはやはりとても興味深い人物だ。ブルジョアの原理原則や重苦しい慣習に縛られながらも、リスクを顧みずに大胆な行動に出ることのできる人だからだ。彼女に近いある人物はこう指摘する。

「彼女はエマニュエルと一緒にスカイダイビングをするため、飛行機に乗り込んだ。それもパラシュートなしで。彼女は運命と、そして人とは違う人生と結婚したのだ」

一方マティアス・ヴィシュラは、「彼女はバルザック的な面も併せもっている。すべてを一種の笑劇、スケールの大きな喜劇として捉えている」と語る*12。

彼女は社会のしきたりや慣習への順応性と、常識からの逸脱、自由な発想、そして問題提起をして現状を変えていこうとする意志とを、自分の中で驚くほど見事に共存させている。しかも夫と同様、ほかの人に関心を寄せ、共感する態度を忘れない。

それは彼女が受けた宗教教育の影響なのか？　そうともいい切れないだろう。熱心なカトリックの家に生まれ、聖心会《サクレ＝クール》の教育機関で一五年間学んだ彼女は、「宗教色の強い学校教育」を受けたことを認めており、それは明らかに彼女を多少なりとも抑圧したようだ。「若い頃は週に二回告解に行き、一日の始まりはミサからでした」[*13]。

反抗的で大胆だった彼女は学校でしょっちゅう罰を受けていて、とくに歌手ユーグ・オーフレのおばには、「ブリジット、あなたは何て生意気な子なんでしょう」と厳しく叱責されていた。ブリジットは、「みんなと一緒に大人しくしていることができないタイプだったんです」と笑う。だが、同居していた母方の祖母は何でも大目に見てくれた。というのも、トロニュー家の六人兄弟姉妹の末っ子ブリジットがチャーミングでセクシーだったからだ。キャロリーヌ・ピゴズィ記者はパリ・マッチ誌の記事でこう書いている。

「彼女は当時流行《はや》っていたサプライズ・パーティーで踊るのが大好きで、身体にぴったりフィットするミニスカートをはき、ウィスキーのコーラ割りとノリノリのロックの合間に、垂れ幕の後ろで大胆にも男の子といちゃついていた」[*14]

そんな彼女も一九七四年に二一歳で結婚した。ＶＳＤ誌に掲載された作家フィリップ・ベッソンの記事によると「母親になりたくてたまらなかった」らしいブリジットは、三人の子を産んだ。長男セバスチャンはエンジニアに、長女ロランスは心臓医になった。そして末っ子のティファニーは弁護士として、義父が立ち上げた政治運動〈前進！《アン・マルシュ》〉のために働いている。

政治的野心をサポート

ブリジットがエマニュエル・マクロンにおよぼしている影響は実際どれほどのものなのだろう？　彼女がみずからの野心の実現を夫に託す形で彼を政界へと押し出し、さらには大統領選に出馬させたという噂は本当なのか？

真相はむしろ逆のようだ。私がインタビューした中で彼女は何度も政治の世界の暴力を恐れる発言をし、その粗暴な慣行に驚いていた。また、右派から大統領選に出馬したフランソワ・フィヨンと〈ペネロプ・ゲート〉の渦中にある彼の妻ペネロプに対するメディアの激しいバッシングに衝撃をおぼえていた。

「ペネロプがいま受けているのは死刑宣告のようなものです。彼女と面識はありませんが、心から同情します。日曜日の選挙集会で彼女を見かけました。考えられないことです。こんな状態なのに、普通ならとても人前には出られません。私だったら引きこもってしまうでしょう。モリエールの戯曲『人間ぎらい』のように。こんなに執拗なバッシングは社会的制裁そのもので、とてもおぞましいと思います」[*15]

つまり、ブリジットがエマニュエルの背中を押したのではなく、彼女は夫の意志に従う形でその政治的野心をサポートすることに決めたというのが実情のようだ。

ロチルド銀行のマネージング・パートナーで、夫婦の友人となったグレゴワール・シェルトクは、エマニュエルが政界入りを考えはじめたときのことをこう証言する。

「エマニュエルが銀行を辞めるときに彼らと交わした会話をおぼえているが、ブリジットは彼が政治家になることを望んではいなかった」[*16]

エマニュエル自身もそれを裏付ける発言をしている。

「ブリジットは私の政界入りを望んではいなかった。私への愛から応援しているだけで、政界への転身はけっして彼女が希望したことではない。彼女はむしろ私に物書きになるか、投資銀行に残ってもらいたがっていた」[*17]

政治家の妻

ブリジットは、不便は多いがおそらく刺激的ではある政治家の人生には大きな危険が潜んでいることを理解していたのだろう。政治家になれば、絶対的な権力をもち、興奮と緊張とスリルを大いに味わい、人の目にさらされ、広報官やジャーナリストにとり巻かれることになる。あるいは、夫を失うことを恐れたのかもしれない。

ある日、彼女は言葉の弾みで、政界は経済界とは違い、「ダヴィド・ド・ロチルドのようなジェントルマン」があふれているわけではない、といった内容の言葉を残念そうに口にした。また、ル・ピュイ・ド・フーに夫婦でフィリップ・ド・ヴィリエ［右派政党〈フランスのための運動〉党首で、欧州議会議員などを務めた］のもとを訪ねたことを語ったとき（マクロン夫妻は彼を〝フィリップ〟とファーストネームで呼んでいる）、この元議員の身に起こったことを引き合いに出して、政治の世界の苛酷さに怯えていた（「マスコミはフィリップの家庭を崩壊させました。彼に襲いかかった状況は本当に恐ろしいものでした……」）［二〇〇六年、ド・ヴィリエの三男が兄を強姦罪で訴えて裁判となったが、二〇一四年に三男の上告が却下された］。

要するにブリジットが政治家の妻として活動しているのは、彼女がみずから選びとった、あるいは夫を積極的に後押しした結果ではなく、シラク元大統領の妻ベルナデットが冗談交じりにいった、〝夫の意志を尊重してあげた〟結果だったのだ。ブリジットはあきらめ顔でこう述べている。

「エマニュエルが経済大臣になったときは、〝ああ、もう引き返せない！〟と思い、彼がマクロン法案を国会に提出したときは、〝もうダメだ、あの人はこの世界にすっかりはまってしまった！〟と思いました」*18

ブリジットの果たす役割

ブリジットの果たす役割は実にさまざまで、厳密にこれと定義することはできない。支援者、コーチ、家庭教師、激励者、自信を与えてくれる人、さらには仲介者。事実、彼女を介してエマニュエルへのメッセージを伝えたり、面談の約束をとり付けたりしている人もいる。ブリジットとよくランチを一緒に食べているというエマニュエルの母フランソワーズをはじめとする彼の実家のメンバーや、各界の著名人たち、とくに演劇界やショービジネス界の人たちなどだ。

多忙を極める政治家の妻としてブリジットは、夫と活動をともにしなければ夫婦が顔を合わせる時間すらもてなくなるとすぐに気づいた。そこで、夫婦二人きりの時間を少しでも確保しようと、経済省で開催されていた一週間の予定決めのミーティングに参加することにした。

彼女は夫が経済大臣に就任した当初、パリにあるサン＝ルイ・ド・ゴンザーグ校でまだ教えていた。だが、二〇一五年六月に退職した。エマニュエルの大臣としての生活と、自分の教師としての生活が、両立しえないとすぐにわかったからだ。

苦渋の決断だったに違いない。そしてその決断はおそらく、エマニュエルが大統領を目指すことを決めた時期に下されたのではないか。以来、彼女はエマニュエルを全面的に支えている。夫にぴったりと寄り添っていることもしばしばだ。彼女はエマニュエルを見守り、選挙集会を前に舞台上でリハーサルをする彼にアドバイスする。

〝権力〟という名の喜劇を書く

パリのポルト・ド・ヴェルサイユで開かれた最初の大規模選挙集会のときは、エマニュエルのスピーチが「あまりにも長い」ので短くするようサインを出したが効果はなかった。スピーチの内容についてエマニュエルにダメ出しをしているブリジットの姿をピエール・ユレルがカメラに収めている。それは二人が出会った頃を彷彿とさせるシーンだ。

ラ・プロヴィダンス校でエドゥアルド・デ・フィリッポ［一九〇〇〜八四。イタリアの劇作家、演出家、俳優、詩人］の『L'arte della commedia(喜劇の流儀)』を共同で翻案し、文学を通じて絆を深めていった頃のことだ。あのときも舞台に立つエマニュエルを舞台裏でブリジットが指導し、支えていた。

あの頃からずっと、ブリジットはエマニュエルに夢中だ。そしていま、彼女はもう一本の喜劇を——〝権力〟という名の喜劇を書いている。そこには目のくらむ栄光がある。だがその一方で、誹謗中傷や悪口や根も葉もない噂に耐えなければならない。たとえば夫に対して向けられた根強い同性愛者疑惑などだ。それについてブリジットはパリのディナーの席でしばしば自分から話題にし、あるエピソードを披露して笑い話にしている。

「ある日、道でおじいさんにいわれたの。〝あんたの夫、あのマクロンってやつがホモじゃないのはわかってる〟って。私は〝同性愛者のことですよね？〟っていい直してやったわ。でも、おじいさんは頑固にいい続けた。〝おれには嗅ぎ分けることができるんだ、ホモをな！〟って」

豪胆さ

ブリジットが目立つことを目障りに感じている人もいる。二〇一六年一月二五日付のル・カナール・アンシェネ紙のゴシップ欄は、彼女に「指導が入り」、もう少し露出を控えるよう要請されたと伝えている。ブリジットは、笑ってこう語る。

「私の存在に対する人々の受け止め方は極端です。〝どんな場面にも立ち会い、重要な意思決定の場にもしゃしゃり出ている〟という意見もあれば、〝彼女は存在しないも同然だ〟という人います。要するに、出しゃばりと見なされるか、排除されて無視されるか、そのどちらかなんです」[*19]

二〇一七年一月末、ブリジットが果たす役割について当の本人に尋ねてみると、彼女はざっくりこう説明した。

「私はエマニュエルの個人的なスケジュールを管理しています。夫に代わって人に会うこともあります。会うべき人のリストをエマニュエルがつくります。海外出張や経済関連の出張には同行しません。自分になじみのあるテーマに関するイベントについてだけ、あるいは教育、文化、女性、保健など私にある程度知識があり、自分なりに計画を温めている分野についてだけ、夫と活動をともにしています。選挙集会にはすべて参加しています。会議では話を聴くだけで発言はしません。ですが反省会は欠かせません。夫と私の二人でするものといえばこれです。しかし、そうした機会は重要ですがそれがすべてではありません。とにかく、私たちは以前からつねに一緒に反省会を開いてきました」

ステファン・ベルン［ジャーナリスト、テレビ番組の司会者、ラジオのパーソナリティ］は、「ブリジットは圧力鍋を吹き飛ばしそうなエマニュエル・マクロンの熱意を鎮めるためにも存在する。彼女が彼を地上に引き戻しているのだ」という。

また、ブリジットには豪胆な一面もある。それもエマニュエルを夢中にさせている理由の一つだろう。彼女はある日、こんな言葉を口にしてユーモアのあるところを見せた。「大統領選に出るならいまよ。これが一五年先だったら、私、どんな顔になっていると思う？」[*20]。

彼女をよく知る人は、彼女には「純真さとしたたかさが同居している」と評し、彼女が数カ月前に電話をかけてきて、「エマニュエルの気持ちを落ち着かせるのに手を貸してちょうだい。わかるでしょ、ジャンヌ・ダルクと暮らすことがどんなに大変か！」と語ったエピソードを明かした。ほかの知り合いには、本気なのか冗談なのか、こんな発言をしたらしい。

「あの人ったら、イエス・キリストを気取っているのよ！」

急進性

彼女は実際にエマニュエルに影響を与えているのだろうか？　周囲の人は口をそろえていう。

「エマニュエルはブリジットの言葉に耳を傾けている、それは明らかだ」

だが、彼女の助言や意見に無条件に従っているわけではないらしい。ブリジットもこう語る。

「私は自分の考えを彼に伝えています。ですが、いつも聞き入れられるわけではありません」

一部の社会問題については右寄りの立場をとっている彼女だが、エマニュエルよりも革新的な部分もあり、夫との違いをこう強調する。

「とくに女性にかかわるテーマでは私のほうが急進的です。妥協はしません。問題に直面すると、エマニュエルはまず理解しようとします。私は正面突破を狙います。イスラム教徒の多い一部の都市の郊外で起きていることに、正直、恐怖をおぼえています。若い女性が侮辱的な言葉で呼ばれ、さまざまな制約を受けているのですから。スヴラン〔パリの北東にある町〕のビストロで女性の入店が禁じられていることは断じて許せません！」

ちなみに、女性の問題についてブリジットが夫よりも急進的であるというのはそのとおりで、彼女は大学におけるイスラム女性のベールの着用を禁じることに賛成しているが、エマニュエルのほうは禁止することは望ましくなく、成人に達した女性には着用するかしないか自由に選択する権利があるという立場をとっている。

ファーストレディー

夫の大統領選挙を積極的に支えるブリジットの姿を目にして、さらには夫と二人三脚でこなしているさまざまな活動に関する彼女の説明を聞いていると、大統領を目指す夫を助けるためできる限りの努力をすると、彼女がすっかり腹をくくったかのように思われる。私の目には、彼女が自分をファーストレディー化するプログラムに乗り出したように映るのだ。

「自分がファーストレディーになった姿を想像できますか？　ファーストレディーになったら、どんな役割を果たすつもりですか？」

そう尋ねると彼女は、「将来のことはわからないし、実際になっていないので、具体的にはいえない」などと答え、「できればほかの暮らしを送りたかった」とも口にした。

それでも当選後のことを考えてはいるようだ。もし夫が大統領になったら「普通の暮らしを送るつもり」だが、夫に協力してさまざまな活動を続けることを考えているという。

「当然、自分に与えられた責務を積極的に引き受けます。自分たちは人々を助けられるし、そうしなければなりませんから」[*21]

そもそもブリジットは、「先走りしているわけではないけれど」と前置きした上で、「この件について資料を集め、歴代のファーストレディーがどんな役割を果たしたか調べています」とも述べている。

彼女はこれまで二人のファーストレディー経験者と実際に会って話をした。オランド大統領のパートナーだったヴァレリー・トリルベレールとジスカール・デスタン大統領の妻アンヌ＝エモーヌという対照的なプロフィールをもつ二人だ。

ブリジットはヴァレリーに対して同情を寄せ、大統領の浮気をめぐる騒動と、頭の固い噂好きな人々から巻き起こった批判の嵐に憤慨する。

「彼女を心から気の毒に思います。本当にひどい話です。メディアが伝えているのは彼女が味わった苦痛のほんの一部にすぎません。彼女は深く傷つきました。私は、ほかの人を裁き、あれこれ非難する人が嫌いです。幸い、ヴァレリーは芯の強い人です。だからあの試練をくぐり抜けられたのでしょう」

もう一人のファーストレディー、〝場違いな花瓶〟くらいの役割しか果たしていないと不当に揶揄《やゆ》されてきた〝マダム・ジスカール・デスタン〟については、「とても知的な人」と評し、「だけど、それを表に出さないようにしています」と残念がった。

カップルに投票

ブリジットは、「フランス人はカップルに投票する」傾向があることを意識し、必要があれば進んで人前に出ることを厭《いと》わない。最近では注目を浴びることにむしろ喜びをおぼえているようにも見える。夫と一緒に地方に行くと人々が彼女と会って話したがり、子どもについて尋ねてきたり、一緒に写真を撮ってほしいなどといわれたりすると、驚きながらも嬉しそうに話す。

「みんな、私とエマニュエルによいイメージをもってくれているようです。エマニュエルがちゃんと結婚していて、妻を裏切らないことを快く受け止めているのです」

彼女はそういうと、いっとき間を置いて続けた。

「もしエマニュエルが浮気をすれば、それは本気だということです。彼は遊ぶタイプじゃないですから。そんなことには興味がないんですよ」

これはブリジットが自分から明かしてくれたことで、こちらから尋ねたわけではない。

第五章
エマニュエル・マクロンと文学

文学や哲学を愛する文人

エマニュエル・マクロンは文学や哲学を愛する文人でもある。そんな彼の特質を形づくっているものとは何だろう。第一に、本の虫だった子ども時代、「世界の少しばかり外側にいて」「ほとんど文章と言葉を通じて」生きていたという少年時代が挙げられる。

エマニュエル・マクロンは自著『Révolution（革命）』の中でこの時期のことを、「心の中で繰り広げられた文学の秘密の講義が現実のうわべを凌《しの》ぎ、世界に対し、日常ではほんのわずかにしか感じとることのできない奥深さを与えていた」と美しい言葉で述懐している。そのときとくに彼を導いたのが、猫や花とは何かを教えてくれたコレットであり、「プロヴァンスの冷たい風と人間の気質の真実」を伝えたジオノであり、「かけがえのない道連れ」であるジッドやコクトーだった。

そして当然のことながら、理想化されたあの祖母もいた。

子ども時代のエマニュエルは祖母と長い時間を過ごし、「文法や歴史や地理を習い」「大きな声で彼女の傍らで一日中」モリエール、ラシーヌ、ジョルジュ・デュアメル、モーリアック、ジオノの作品を朗読した。祖母は彼にジッドとカミュも紹介した。祖母の母、つまりエマニュエルの曾祖母は読み書きができず、だからこそ言葉を使いこなすことこそが、フランスで社会的地位を高めるための王道だと見なしていた。

祖母が買いそろえたガリマール社の〈白い叢書〉はいま、ル・トゥケにあるマクロン夫妻の家の本棚の目立つ場所に並べられている。

さらに彼には読書好きの両親がいた。とくに父は彼にギシリャ語を学ばせ、哲学へと導いた。

長年の夢

彼は文学の通過儀礼的な経験も味わった。一六歳のとき、これまで多くの若者が経験してきたのと同じようにパリに上り、最高に美しい冒険の数々を体験し、フローベールやユーゴーの小説の登場人物たちが歩いた道を自分も歩き、バルザックが描いた若き狼たちの激しい野心に胸を躍らせたのだ。

「パリを訪れるたびに、通りの角から小説のヒーローたちが飛び出してくることを心の中に描いた」とのちに記すことになる夢見がちな少年、アルセーヌ・ルパンやモンテ・クリスト伯やレ・ミゼラブルの世界を駆けめぐっていたこの田舎の少年にとって、パリに移り住むことは長年の夢だった。

もちろん、ブリジットとの出会いも重要な役割を果たしている。フランス語とラテン語の教師だった彼女は、物語《ロマン》の黎明期を支えたクレティアン・ド・トロワ［初期の騎士道物語を書いた一人で一二世紀後半のフランスの詩人、物語作家］について研究し、「一九世紀文学の熱烈なファン」を自任し、「フローベールの文体に魅了された」という。エマニュエルは彼女と演劇を通じて親しくなった。演劇——それは当然ながら言葉だ。つまり、言葉が二人の仲をとりもったのだ。

エマニュエル・マクロンは『Révolution（革命）』の中で、こう記している。

「毎週金曜日に彼女と一緒に何時間も戯曲を書いた。それは一カ月続いた。戯曲が書き上がると、私たちはそれを一緒に上演することにした。二人であらゆることを話し合った。書くことは会うための口実にすぎなくなった。私たちはずっと前から互いを知っているような気がしてならなかった」

天職は作家

物書きとしての資質に恵まれていたエマニュエルは、情熱に突き動かされていた若い頃、自分の天職は作家だと考えていた。彼はロプス誌に掲載されたジェローム・ガルサン記者のインタビューの中で、「ブリジットが私のフランス語の先生だったとき（ブリジットによると、彼女はエマニュエルに演劇しか指導していない）、彼女も同じ意見で、作家を目指すよう私を励ました」と語っている*1。

だが彼は、これまで多くの哲学者や文学者を輩出してきた超エリート校のグランゼコールである高等師範学校の入学試験には落ちている（彼が合格したのは高等師範学校のフォントネ校であり、権威あるユルム校ではない。ユルム校は二回とも不合格だった）。この事実は長いあいだ秘密にされていて、彼自身、曖昧な言い方をすることで、「マクロンはユルム通りにあるあの名門校を出たのだ」と人々に思わせていた。このときの失敗は明らかに彼の心の傷となっているようだ。合格できなかった理由として本人は、「恋愛にのめり込みすぎて、入学試験の準備に本腰を入れることができなかったことが大きい」と説明している。

だが、とにかく心に痛手を負ったことだけは確かだ。それというのも、フランス人の多くが漠然と、ほかのどんな学校よりもこの学校の卒業生を〝最高の知識人〟と認める傾向にあるからだ。そしてここを出ることは、優秀だと社会に認知されること以上に、高等師範学校出身者《ノルマリアン》として特別なステータスを得るという意味がある。サルトル、アルチュセール、ミシェル・フーコーなど錚々《そうそう》たる知識人が手にした護符を手に入れることになるのだ。

ロシアやアングロサクソンの文学についてエマニュエル・マクロンと語り合ったことのあるジャン＝ピエール・ジュイエは長いあいだ、彼が目をかけてきたこの青年がノルマリアンだと思っていた。エマニュエル自身が、進路を変えて国立行政学院《ENA》に入学したことよりも、ポール・リクールの助手に登用されたことや、ロラン・バルトやジャック・デリダの著作を読み込んだことを強調していたからだ。

国立行政学院《ENA》時代のエマニュエルの友人の一人は、彼がほかの人にノルマリアンだと誤解されてもあえて否定しなかったことをおぼえている――「まことしやかに語られれば、嘘でも真実になりうるとでもいうように」。

政界の哲学者

ポール・リクールとの出会いも忘れてはならない。

エマニュエルはこの哲学者の助手を務めたといっているが、リクール財団の学術評議会のメンバーである哲学者ミリアム・ルヴォー・ダロンヌがル・モンド紙に語ったように*2、エマニュエルはリクールが『記憶・歴史・忘却』*3〔久米博訳、新曜社、二〇〇四年〕を執筆したときに資料整理を行う編集助手を務めたにすぎず、そのことはほかの何人も指摘している。紛らわしい話だが、マクロンはあえて〝助手〟と〝編集助手〟の違いを曖昧にし、〝リクールの助手〟という「聞こえのよさを最大限利用している」とダロンヌは述べている。

だが、そんな厳しい指摘はどこ吹く風とばかりに、パリ第一〇大学（通称パリ・ナンテール大学）で哲学の専門研究課程修了証書を取得し、二〇一五年七月にはル・アン紙（同紙の共同創刊者はエマニュエルの恩人、アンリ・エルマンだ）に「政界の哲学者」と綽名《あだな》されたマクロンは、哲学者ポール・リクールのもとで働いた過去を強調してみずからの差別化を図っている。

つまり、この特別な経験を前面に出すことで、ほかの政治家との違いを強調しているのだ。

これは、「私は見かけとは違い、野心家ではない」とアピールする方法でもある。〝金融界の恐るべき子ども《アンファン・テリブル》〟と呼ばれるマチュー・ピガスが、世界屈指の投資銀行ラザードのフランス文社を率いる一方で、ロックとパンクとヘビメタ好きでブルジョア嫌いを公言してはばからないのと同じようなものだ。

さらにこれは、豊かな内面性やロマンチストな側面をもっていることを強調する手段でもある。つまり、〝デジタル時代のシャトーブリアン〟［一七六八～一八四八。政治家、作家。フランス・ロマン主義の先駆者］に〝現代のギゾー〟［一七八七～一八七四。政治家、歴史家。七月王政を指導した］を掛け合わせたようなイメージを確立するための手段なのだ。

結果の轍

小説『バビロン、バビロン』についても紹介しておくべきだろう。これはエマニュエルがグランゼコール準備級で学んでいた一六歳から一七歳にかけて書いた作品だ。コルテス時代の南アメリカ征服をテーマにした壮大な悪漢小説《ピカレスク》で、征服者《コンキスタドール》たちを描いたフィクションだが、もちろんそこには征服への野望が感じられる。当時エマニュエルはこの作品をいくつかの出版社に送ったが、刊行は丁重に断られた。母フランソワーズによると、『バビロン、バビロン』はエマニュエルが両親のメキシコ旅行に触発されて書いたらしい。

「私たちの旅の思い出話にあの子はすっかり夢中になり、膨大な資料にあたったんですよ」*4

彼は『バビロン、バビロン』を祖母はもちろん、父や友人のマルク・フェラッチなど何人かの近しい人に読ませた。エマニュエルとマルク・フェラッチは国立行政学院《ENA》の受験勉強を一緒にした仲で、フェラッチはアンリ・エルマンとともに彼の結婚式の証人を務めた。そのフェラッチにエマニュエルは、「背後にあるものを見つめようとする、照射と透明性の詩人」ことイヴ・ボヌフォワ〔一九二三〜二〇一六〕を紹介した。さらに、フェラッチが国立行政学院《ENA》の受験に失敗したあと、レジスタンス闘士の詩人ルネ・シャールの『イプノスの綴り』(先述のとおり、エマニュエルはその中の一節をリヨンの選挙集会で引用した)を贈っている。その冒頭にこんなくだりがあるからだ――〝長々と結果の轍《わだち》に留まるな〟。エマニュエルの考え方がよく表れている言葉である。

書くことが最高の行為

自著『Révolution(革命)』の執筆にあたって彼が見せた、細心なこだわりと入れ込みようも特筆に値する。彼は言葉を一つひとつ天秤にかけて選びとり、カンマをどこに打つべきかで最後の最後まで議論した。内面の奥深くにまで下りていくような、祖母が望んだ存在に最大限近づこうとしているかのような作業ぶりで、彼は大統領選への出馬表明の直前までこの著作の最後の仕上げに打ち込んだ。

加えてエマニュエルは、妻ブリジットが「ほとんど病気」と語るほどの本好きだ。彼は「他人《ひと》に本以外のものを贈ったことがなく、本屋にしか行かない人」で、ブリジットの孫娘にこういわれたことがある。

「ねえ、世の中にはおもちゃ屋さんだってあるんだよ!」

さらに彼は、ロプス誌のジェローム・ガルサン記者に、「私にとっては書くことが最高の行為だ。書くことをいつも考えている。失った楽園を思うように」と〝告白〟している。彼は政治と文学のあいだに関係を築くことで、こうきっぱり断言できるようになった。

「私には書くことなしに、現実と現実を超越したもののあいだの関係を築くことはできない」

エマニュエル・マクロンがさまざまな選挙集会で、文学や哲学の著作からの引用を繰り返し口にしていることも、彼の文人気質の表れだろう。

彼はスピノザの「悲しみの情熱」やバルザックの『人間喜劇』にしばしば言及するが、これはインターネット時代を生きる私たちに、文人・哲人政治家としてのイメージを、つまり、ほかの政治家とは違うのだというイメージを植えつけようとするための力強いシグナルのようなものだ。

〝力強いシグナル〟としてもう一つ、彼は政治家でありながらエリック・オルセナやフランソワ・シュローという作家の友人がいることを、ことさらアピールする。それぞれ「文学界の左派と右派」を代表する存在だが、マクロンはロプス誌でこの二人について、右の要素と左の要素を併せもつ彼自身にぴったり合い、さらには「フランスの魂」を体現する存在だと語っている。

もっとも、この「フランスの魂」なるものについては、リヨンで開催された選挙集会で彼がフランス文化について述べたスピーチによると、どうやらそうしたものは存在しないらしく、いくぶん矛盾が生じている……。

夢の世界を追求

アカデミー・フランセーズ会員にして世界中を旅し、数々の企業で顧問を務めているエリック・オルセナは統一社会党でキャリアをスタートさせ、マクロンとはアタリ委員会［サルコジ大統領の要請を受けて創設された諮問委員会］をきっかけに知り合った。

フランソワ・ミッテランの参事官を務めたこともあるオルセナは明るい情熱家であり楽天家で、大統領選ではマクロンを支持している。オルセナは彼のことを「真の文学好き」と評し、こう述べている。

「マクロンはそれぞれの人に自己実現の可能性を与えようと配慮している。そこにはリクールとレヴィナスの思想が反映されている。マクロンは一人ひとりに未来の可能性を見出している。レヴィナスといえば〝顔〟の思想であり、リクールは可能性だ。彼は、進歩の大きな意味は文化と結びついていると本心から考えている。文化は自己を超越する存在だ。衰弱の対極にあるものだ。彼はオランドの対極にいる。オランドは社会を何より技術として捉えている」[*5]

一方のフランソワ・シュローはイエズス会系のサン＝ルイ・ド・ゴンザーグ校（ブリジット・マクロンがパリで教えていた学校）で学び、オルセナよりも影のある、苦悩を秘めた人物だ。有能な弁護士で、国務院〔政府の行政・立法の諮問機関であり、行政系統の最高裁判所〕の調査官も務めている。シャルル・ド・フーコー〔一八五八〜一九一六。神父、探検家、地理学者〕に関する『Je ne pense plus voyager（旅することはもう考えない）』という作品を書き上げたばかりで、フランソワ・フィヨンの友人でもある。

オルセナとシュローはマクロンにとって軍旗のようなものだ。二歳の頃、両親を驚かせようと、字も読めないうちから本を開き、それを手にして二人の前を歩き回ったという彼が、ずっと探し求めてきた模範的存在なのだ。それはまるで、彼のこれまでの人生や彼の家族の物語に、敬愛され永遠に賛美されている祖母マネット以外、手本となる人物がいなかったかのようだ。

したがって、かつて悪漢《ピカレスク》小説を書き、いまも何かしら書いていると語るマクロンは、マルト・ロベールがフロイトのテクストをもとに精神分析的に小説を読むことを試みた作品、『起源の小説と小説の起源』〔岩崎力、西永良成訳、河出書房新社、二〇〇三年〕の中で記した類型、つまり幻想小説や『ドン・キホーテ』のなどの悪漢《ピカレスク》小説の起源にある「捨て子」という類型に分類されうるのだろう。

夢の世界を追求し続けるエマニュエル・マクロンは、彼をよく知る人物が指摘するように、〝ボヴァリー夫人気質〟とでも呼ぶべきものをそなえている。つまり、つねに欲求不満に苦しんでいるように見えるのだ。そしてギャンブル依存症の人が何度も何度も賭けを繰り返すように、文学の中に何度も何度も、彼と同じように人生を夢見たヒーローのモデルを見出している。

第六章

人を魅了する力

問題視された発言

「大統領を目指している以上、私はあなた方を理解した。そして、あなた方を愛している」

エマニュエル・マクロンの人格や、彼を突き動かしている力が鮮明に表れているこの言葉は、正確には二〇一七年二月一八日、半分ほどしか人が集まっていないトゥーロンの選挙集会で発せられた。この一週間、彼は「ロックンロール」と形容されるような激しい批判の渦にさらされ、大きな試練に見舞われていた。高まる一方の人気に突然ブレーキがかかったような、数週間の高揚を経て急に現実に引き戻されたような状態にあったのだ。

そのきっかけとなったのが、二〇一七年二月一四日にアルジェリアのテレビ局〈Echorouk News〉のインタビューに答え、植民地支配を「人道に対する罪」、「正真正銘の野蛮行為」と述べたことだ。そしてさらにロプス誌で、同性婚を認める法律に反対した人たちが侮辱されたことに対して遺憾の意を示した。この二つの発言が、右派、左派双方の怒りを買う結果になったのだ。

それらの発言がなぜこれほどまで問題視されるのだろう？

都市郊外に住む北アフリカ出身のフランス人の票を狙ったものと捉えられた植民地支配につ

いての発言は、国民を唖然とさせ、かつタイミングがとても悪かった。というのも、フランスの植民地支配下でいかなる犯罪行為が行われたにせよ、かつ、それらについて言い訳をしたり、犯罪行為の存在自体を否定したりするのは許されないことではあるものの、それでも植民地支配を〝人道に対する罪〟〝ある民族を計画的かつ組織的に絶滅させようとする行為〟と同等に見なすことは一般に受け入れられる主張ではないし、正当性を欠いているからだ。

それにこの発言は、ほんの数カ月前に彼がル・ポワン誌に語った内容と完全に矛盾している。彼はそのとき、植民地支配には「文明化の要素があった」と述べたのだ。

曖昧なムッシュー・マクロン

主張の是非はさておき、これについてマクロンを非難した友人によると、彼はこの発言のあと夜眠れなくなったらしい。

だがそのマクロンは、私が彼に「あなたは人に気に入られるため調子のよいことをいっているのではないか」と指摘すると反発し、自分は以前、「個々の記憶にある苦しみを認めることは、記憶の一つから何かをとり去ることではない」［植民地支配の苦しみの側面を認めることは、植民地支配が果たした役割を否定することではない、という論法］と述べたと強調した*1。

彼はまた、「前に進むため、時には折り合いをつけることも必要だ」とも語り、さらに「大臣時代に自分は人に嫌われる政策も断行した」と主張した。いわく、「私は各地の商工会議所に足を運んだが、会員たちは席を立ち、一〇分間私に背を向けた。私が慣習に逆らい、商工会議所への金銭的支援を断ったからだ」「私は、マクロン法で規制緩和の対象となった公証人たちから反発を食らった」「フランス電力公社を改革しなければならないと主張したあとに、ある発電所を訪れたところ、〝殺してやる、おまえはクビだ！〟と叫ぶ人たちに出迎えられた」。

だが、そんな彼の言葉を耳にして思い出されるのが、一九九五年、大統領選のライバルだったエドゥアール・バラデュールを何としてでも蹴落とそうとしていたジャック・シラクがいった、彼の側近たちを唖然とさせたあの有名なセリフだ。

「私の民衆扇動《デマゴギー》に、諸君はこれから驚くことになる」

加えて、問題発言が続いたあとすぐに、非難の嵐を鎮めようと第五共和政〔一九五八年〜〕の創始者の言葉を使ってスピーチしたのは、いささか向こう見ずで図々しいようにも思われる。

というのも、「あなた方を理解する」というこの有名な言葉は、一九五八年六月四日にアルジェリアの首都アルジェの広場でド・ゴール将軍が集まった群衆に向けていったもので、曖昧さの最たるものだからだ。将軍のこの言葉を聞いて、人はそれぞれ自分が理解されていると感じ、自分の希望が聞き入れられたと考えた。ジャーナリストのマルク・アンドヴェルドによる伝記に描かれた〝曖昧なムッシュー・マクロン〟[*2]のイメージにぴったり重なる言葉ともいえる。

マクロンはどうとでもとれるこんな曖昧な言葉に頼ってしまうほど、嫌われることを恐れているのだろうか？

癖

いずれにせよ、「あなた方を理解する」と述べたトゥーロンの集会は注目に値する。というのも、自分を支持しない、あるいは自分の言葉に賛同しない聴衆と向き合ったときのエマニュエル・マクロンの狼狽のようなものが垣間見えるからだ。トゥーロンの聴衆は、数日前にリヨンで開催された大規模集会で彼を賞賛した人々のように熱狂することはなかった。マクロンはあの日、こんな冷淡さは耐えがたいと思っているように、さらには信じがたいとさえ感じているように見受けられた。一月一八日、空席が目立つトゥーロンの集会場で（極右政党の国民戦線の活動家が支援者の来場を妨害したことも会場が埋まらなかった理由の一つだ）、マクロンはその輝きを失った。顔色は冴えず、言葉はいつもよりも精彩を欠き、それまできらめいていた瞳も曇っていた。まるで突然魔法が解けたかのようだった。

とはいえ、興味深い事実がある。その日トゥーロンでマクロンは、「植民地支配を人道に対する罪」とした自分の発言に傷つき憤慨したピエ・ノワール〔一九六二年のアルジェリア独立までフランス領アルジェリアで暮らしていたヨーロッパ系植民者〕たちに会いに行ったのだ。

彼は直接会って話をするという手法をよく使う。もっとも、これはサルコジもよく使った手だ（彼の場合は、喧嘩を売るような荒々しい態度で出向いたのだが）。対話を試みることはマクロンの癖であり、彼が師と仰ぐ哲学者、ポール・リクールの教えの一つを具体的に実践する方法でもある。リクールはマクロンがラジオ局〈フランス・キュルチュール〉のインタビューで語ったように、政治活動を行うときは「国民の顔を見ることや、意見が違ってもその声に耳を傾けること」を忘れないよう教え諭したという。

ポール・リクールは「ホロコーストは特別で、歴史上類例のないもの」と認める一方で、「ホロコーストを否定する人たちの主張を打破するため、彼らと会って議論をしよう」とした。マクロンはそのリクールの教えに従って、自分は対話を試みていると胸を張る。「真正面からぶつかり」、「事実、つまり実際に起きたことを踏まえて相手を論破する」ためには、敵と議論を交わさなければならないと確信しているのだ。彼はいう。

「過去の痕跡や事実と、それらに対して私たちが抱いているイメージとのあいだを行き来することが必要だ」

対話

エマニュエル・マクロンの、いつでもどこでも熱心に対話を試みようとするエピソードは枚挙に暇《いとま》がない。

リヨン市長のジェラール・コロンは、マクロンがまだ経済大臣を務めていたときに訪れたリヨンの労働組合センターで、ぎりぎり命中はしなかったものの、怒って彼にヨーグルトを投げつけた女性組合活動家のことをおぼえている。コロンによればその数カ月後、マクロンは大臣としてふたたびリヨンを訪れ、八区にある冶金《やきん》技術訓練センターを視察したのだが、そのとき、件《くだん》の女性活動家がいることに気がつくと、訪問団の列をいきなり抜け出して彼女のもとに駆け寄った。コロンはいう。

「すでに予定の時間に遅れていたのだが、どうにもできなかった。エマニュエルがどうしても彼女と話したがってね。一〇分は話し込んでいたな」

その一件の少し前にも、ジャン＝ジャック・ブリデ国民議会議員の招きでフレンヌの選挙集会に出席したとき、店舗の日曜営業を認めるマクロン法を激しく非難した組合活動家に対して同様の振る舞いを見せており、そのときの様子がニコラ・プリセット著『Emmanuel Macron, en marche vers l'Élysée（エマニュエル・マクロン、大統領府（エリゼ宮）への前進）』＊3の中で伝えられている――マクロン法に反対する男性は叫んだ。「〝夜働け、日曜に働け〞だと!? それに対する有権者の答えは棄権だ。だがな、最悪、国民戦線に票を投じることもあるんだぞ！」。マクロンは黙って耳を傾けていたが、やがてこの男性に親し気な口調で、すでにフランス人の三〇パーセントが日曜日に働いており、「対価が得られない労働はない」と説いた。聴衆はその説明に納得し、割れんばかりの拍手を送った……。

幸せな人間

これぞエマニュエルの真骨頂だが、彼の内面では相手を納得させて支持を得たいという願望と、相手を不快にさせて嫌われるのではないかという恐れが、分かちがたく結びついているようにも見受けられる。対話の相手から承認や同意以外の反応が出ることや、幼年時代からほとんどつねに向けられてきた賞賛のまなざしを得られないことを、耐え難く感じているように見えるのだ。

彼は事実、両親、祖母、教師、友だち、そしてパリで彼が出世の階段を上るのに手を貸してくれたすべての人から、いつも賞賛のまなざしを向けられてきた。国立行政学院《ENA》時代の友人は、笑いながらこう分析する。

「エマニュエルは相手とのあいだに溝をつくるのが苦手だ。彼はみんなに好かれたがる。一種の恐怖症だよ。だから選挙公約を発表するのにあんなに手間取ったんだろう」

一方、ジャック・アタリはこう指摘する。

「エマニュエルはみんなに朗報ばかりを届けようとする幸せな人間だ」＊4

賞賛と承認

そうした癖は何もいまに始まったものではない。小さな頃から彼はいつも相手を納得させ、気に入られ、もともと彼を嫌いだった人を〝心変わり〟させようとした。アミアン音楽学院の入学試験で彼を不合格にしたあの女性ピアノ教師に対してしたのと同じように。彼は翌年、わざわざ同じ教師のもとで試験を受け、今度は晴れて合格した。

エマニュエル・マクロンは周囲の人たち、とくに年長者たちから――つまり彼にはない力をもつ人たちから気に入られ（彼はまず知性の力、次いで経済界や政界の力をもつ人に惹かれた）、賞賛と承認を得ようと努めてきた。

彼はすべての人の心を惹きつけ、すべての人にキスしたがる。認められ、ほめられ、感嘆されるためだ。さらにいえば、政治の世界や投資銀行ならではの、アドレナリンが体内を駆けめぐる瞬間を味わうためだ。彼自身、こう認めている。

「投資銀行に勤めていたとき、狩りや征服になぞらえられるような瞬間があった。政治の世界のそれとは性質が違うが」＊5

実際のところ、エマニュエル・マクロンは性的な要素に欠けたドン・ファンのような存在だ。いや、より正確にいえば、相手を魅了して手に入れるという行為を、女性を次々にたらし込む性的なものとしてではなく、自分はすごいのだという自信を確認し続ける手段として捉えているドン・ファンだ。人の心を惹きつけること、納得させること、絶えず賞賛の言葉をかけてもらうことを、ほとんど病的なまでに必要としているドン・ファンともいえる。

その心情をモリエールの戯曲『ドン・ジュアン』の中で主人公のドン・ジュアン［〝ドン・ジュアン〟は〝ドン・ファン〟のフランス語読み］はこう語っている。

「要するにだ、恋心のきざし始めというものは、えも言われぬ魅力があるものだし、総じて恋愛の楽しみは、移り変わるなかにあるとも言える」［鈴木力衛編『モリエール』（世界古典文学全集　第四七巻）、筑摩書房、一九六五年より引用］

彼は大好きだった祖母マネットのまなざしを――彼を支え、承認し、自由を与えてくれたあのまなざしを、つねに探し求めているのかもしれない。

ずば抜けて優秀

エマニュエル・マクロンは学生時代の何年かのあいだ、自分が求めるまなざしを往々にして自分よりも年上の人たちに見出した。だが、誰でもよかったわけではない。「学識のある人」や権力をもつ人など、彼がこれはと認めた人物だけだ。そして相手もエマニュエルを認め、彼の教養、知性、分別、物事を総合的に考える力などを高く評価した。

彼らとエマニュエルは、同世代同士にありがちなライバル関係には陥らなかった。もっともエマニュエルは同世代の人に関心をもてず、彼にとってクラスメイトは別世界に住んでいるようなものだった。

「プチ・マクロン（マクロン坊や）」に魅了された年長者のリストは多く、しかもそれはごく早くからつくられた（彼らの中にはのちに、「お婆さんのようにころりと騙され、うまいこと利用された」という印象をもつようになる人も少なからずいるのだが）。

リストの先頭には、エマニュエルに目をかけた一群の教師がのっている。ラ・プロヴィダンス校の教師たちは、異彩を放つとても物知りなこの生徒にすっかり魅了された。エマニュエルは彼らと対等に話をし、授業が終わってからも議論した。〝マニュ〟はずば抜けて優秀で、評価が高かった。エマニュエルの恩師の一人で、文学を教えていたレオナール・テルノワは二〇一七年二月にヴァニティ・フェア誌のクロード・アスコロヴィッチのインタビューに答え、テルノワがエマニュエルをあまりにも褒めたため彼の娘が嫉妬したというエピソードを語っている。

「娘は一つ年上で、当時、大学入学資格試験《バカロレア》のフランス語を勉強していたのだが、食卓で私はいつも超優秀なマクロン青年のことばかり話題にしていた」

もちろんエマニュエルは、演劇クラブの女性教師（ブリジット）も虜にしたわけだが、その話をするのはもうよそう……。とにかくそうした教師たちは、延々と続くリストのほんの冒頭を飾っているにすぎない。

多様な分野を総合して分析する能力

　高等師範学校に不合格になったあと入学した、〝ENAの控室〟ともいわれるパリ政治学院では――エマニュエルはパリ第一〇大学の哲学コースにも登録した――、哲学者ポール・リクールの伝記の著者で、歴史学教授のフランソワ・ドスがすぐにエマニュエルに注目した。ドスは、「彼は華々しく、かつ楽々と存在感を発揮し〔中略〕、とくに多様な分野を総合して分析する能力に秀でていた」と語っている*6。

　そしてこのドスが、資料整理を任せられる学生を探していたポール・リクールにエマニュエルを紹介した。マクロンによると、これは「すべての礎《いしずえ》となる出会い」であり、彼はロプス誌のインタビューの中で、師を熱愛する弟子の口調でこう語っている。

「私たちはずっと一緒だった。私は先生のおかげで非常に大きなもの、つまり自信を得ることができた。当時私は二一歳で、何も知らなかった。だが八〇歳を超えた哲学の巨人は、私に彼の執筆したものを読むことを許し、私の議論に応じ、私を知的な対話を続ける価値のある人間だと見なしてくれた」*7

　そしてこう続けた。

「先生は私に、〝きみといると同年代の人と話している気がする、これは驚きだ〟とおっしゃった」

確かにこれは驚くべきことであり、若々しい外見をもち、熱意あふれるエマニュエル・マクロンとの対話がしばしば年長者におよぼす効果をはっきりと表している。つまり、「若者」とまるで同世代同士のように話すことで、年長者は若返った気分になるのだろう。

ジュリアン・ドレイ［社会党所属の政治家］が笑いながら〝爺殺し〟と綽名《あだな》したエマニュエル・マクロンには明らかに年長者の心をつかむ才能がある。国立行政学院《ENA》時代の友人は証言する。

「エマニュエルはいつも自分より上の世代の人を頼った。そうすることで、年長者に効く若さの妙薬のようなものが生まれるんだ。野心あふれる若者に慕われて、悪い気はしないからね。彼らを虜にするエマニュエルの手練手管は見事なものだよ。エマニュエルには〝彼はすごい〟と感心する目を向けられることが必要なんだ。彼は魅了して、利用して、捨てる。そもそもマルク・フェラッチ以外、友人もほとんどいない」

相手に対する心遣い

意識しているのか無意識なのか、打算なのかそうでないかは別にして、どうやらエマニュエルにはジャック・デュトロンの『プレイボーイたち』という曲の歌詞にある、「ドキュンとさせるすごいもの」がそなわっているようだ。話し相手に親密な印象を与える類いまれな才能をもち合わせているのだ。彼は仕事上の人間関係のあれこれを、権力者たちの世界ではめったにお目にかかれない「相手に対する心遣い」という温もりで包み込む。

ストラスブールにある国立行政学院《ENA》に通っていたエマニュエル・マクロンは、いまやすっかり有名になったレオポール・セダール・サンゴール期生のメンバーから成るグループに属した。サンゴール期生には右派、左派双方の未来を担う逸材がそろっていて、のちにオランド大統領のもとで大統領府（エリゼ宮）の副事務総長を務めることになるボリス・ヴァロー、シモーヌ・ヴェイユ〔一九二七～二〇一七。政治家。一九七五年、保健大臣として妊娠中絶を合法化する〈ヴェイユ法〉を制定〕の孫でサルコジ大統領を支えることになるセバスチャン・ヴェイユ（彼の妻シビーユも国立行政学院《ENA》の卒業生）、同じくサルコジの側近を務め、現在はロチルド銀行で働いているセバスチャン・プロト、マティアス・ヴィシュラなどがいた。

そうした秀才ぞろいの国立行政学院《ENA》でエマニュエルは、気前よく誰とでもビズ〔頬と頬をくっつける挨拶〕をし、やたらに握手して回った。管理人や守衛も含め誰にでも、まるで「選挙運動をしているように」。女性の何人かは「ボンジュール、マ・プル！」とまで呼びかけられたと証言し〔〝マ・プル（ぼくの雛鶏）〟は恋人などに対する愛情を込めた呼びかけ〕、「あれは親しさを装う演出だった」と述べている。

人脈をどんどん拡大

当時のエマニュエルは仲間と冗談を飛ばしたりしていたが、それでも周囲の学生たちは、彼が自分たちとは異なる世界に生きているという印象をもったという。それは彼が二五歳にして、もろもろの責務を——付き合っている女性の子どもや孫に対する責任などを引き受けていたからだ。しかもエマニュエルは演劇の講座まで引き受けていた。そのため彼が週末を仲間たちと過ごしたことはなく、たわいもないジョークとカラオケとビストロ〈アカデミー・ド・ラ・ビエール〉で夜を楽しむ仲間たちに対して一定の距離を置いていた。

彼らがその微妙な距離を感じとっていたエピソードがある。サンゴール期生のクラスメイトたちがある日エマニュエルのメールボックスに侵入し、彼の署名付きでほかの友人たちにこんなメッセージを送ったのだ。

〈やあ、みんな。毎朝ぼくらは顔を合わせてるよね。ぼくはきみたちにビズして笑いかけるけど、心の底ではきみたちのこと、めちゃくちゃ馬鹿にしてるのさ〉

それを読んでエマニュエルは笑ったが、顔が引きつっていた。

エマニュエル・マクロンは数年のあいだに——その並外れた気配りも功を奏し——人脈をど

んどん拡大した。ガスパール・ガンツェール（彼もまたオランド大統領のお気に入りの一人で、二〇一四年から大統領府（エリゼ宮）で広報を担当した）は、すでに国立行政学院《ENA》時代からマクロンの「世渡り上手は天下一品だった」と振り返る。エマニュエルは私生活だけですでに大忙しだったが、ガンツェールによると、「政治や文化の活動にも多数かかわっていて、数え切れないほどたくさんの人と知り合いだった。国立行政学院《ENA》に入学したときはすでに総長のマリー・フランソワーズ・ベシュテル（総長の職にあったのは二〇〇〇〜〇二年）と面識があった」＊8。

事実エマニュエルは、ベシュテルとはジャン＝ピエール・シュヴェヌマン〔左派の政治家。一九八〇〜九〇年代に大臣を歴任〕を通じてすでに知り合っていた。

類いまれなカリスマ性

この豊富な人脈のほかにもう一つ、彼にはクラスメイトにないアドバンテージがあった。それは当時のマクロンが——彼は左派にシンパシーを感じていることを公言していたが、マティアス・ヴィシュラなどのように政治活動に熱心ではなかった——恋愛に悩む必要がなかったということだ。ブリジットという最高のパートナーをすでに得ていたため、友人たちとは違い、恋愛面で充足した状態にあったのだ。そのおかげで学業と、出世に有利に働く人間関係づくりに専念できた。

そこではエマニュエルのあの〝人たらしの術〟が効果を発揮した。彼はオワーズ県庁の研修で一〇〇点満点を得たが、満点をもらったのは一四〇人の研修生のうちたった三人で、彼の場合は評定書にこんなコメントまで付いていた――〝類いまれなカリスマ性をそなえた学生である〟。

知性、物事を総合的に考える力、有能な働きぶり、〝類いまれなカリスマ性〟――キャリアのスタート地点に立ったマクロン青年は、誰もが認める優れた資質をもっていた。中でも特徴的なのが、代父《パラン》たちが目を細めてほめちぎる共感力だ。友人のマルク・フェラッチも、「彼にはほかの人の立場に立ち、その人の考えを周囲に伝える力がある」と説明する*9。

しかも彼の場合、ごく自然にさりげなく相手の立場に立つことができるのだ。

そうしたさまざまな資質が相まって、エマニュエル・マクロンの相手に合わせた変幻自在な会話術と、精神分析学でいうところの〝認知的共感力〟が培われていった。認知的共感力とは平たくいえば、〝他者の内面を想像する力〟のことだ。

この認知的共感力をごく早期から発揮する子どもがいる。彼らは他者を真似るだけでなく――マクロンは幼少時、両親の真似をして鉛筆を本に挟み、あたかも本を読んでいるように振る舞った――他者の感情を察知することもでき、おそらくエマニュエル・マクロンもそんな子どもの一人だったのだろう。

第七章　代父と兄たち

選び抜かれた一連の代父《パラン》

恵まれた数々の資質、有能な仕事ぶり、権力者たちのあいだではめったに見られない若者特有の朗らかさ。それらを通じてエマニュエル・マクロンは、格好のタイミングで格好の人々の目に留まることになる。しかも、狙った感じは微塵もなく、ごく自然に。

彼は作家を志していたことなど早々に忘れ、実父のほかに父代わりになる人物を次々に得ていった。そうした人々は彼にとって指導者《メンター》であり、マクロンは彼らの一部を、如才なく愛情を込めて〝兄〟と呼ぶ。そのほうが相手も喜ぶし、親しみも増すからだ。そのうち何人かは彼よりも三〇歳以上は年上で、どう頑張っても兄には見えなかったのだが……。

こうしてエマニュエル・マクロンは、選び抜かれた一連の代父《パラン》をもつことになった。ジュリアン・ドレイは、「彼はいつも老人をひっかけ、理想の息子の地位に納まった」と述べている。また、マクロンのターゲットになったある七〇歳の男性はこう巧みに分析する。

「年寄りはいつも、こういっちゃなんだが、若者に関心をもたれると喜ぶ。自分が社会でまだ役に立つのかどうか日頃不安に思っているものだから、若くて有能な大臣に、〝あなたの力が必要です〟といわれると、すっかり気をよくしてしまうのだ」

実は数年前にもう一人、マクロンと同じような評判をとっていた人物がいた。その人も地方出身で（彼の場合はグルノーブルの出だった）、高学歴、高キャリアで（グランゼコールの超エリート校、国立理工科学校と国立行政学院《ENA》の両方を卒業し、財政監査官を務めた）、知性にあふれ、感じがよく、同じようにつるりと愛らしい童顔をしていた。また、マクロンと同様、その人物も公職を辞して投資銀行に入り（彼の場合はラザード）、内閣にも加わった（エドゥアール・バラデュール蔵相のもとで国有企業を民営化する政策責任者を務めた）。その後、ヴィヴェンディ社の前身で水道事業を手掛けていたジェネラル・デ・ゾー（CGE）社のギ・ドジュアニ会長に引き抜かれて一九九六年に彼の後継者となり、ヴィヴェンディ社の総帥として短くも華々しいキャリアを築いた……。その人物とは、あのジャン＝マリー・メシエその人である〔企業買収によりヴィヴェンディ社を巨大メディア企業に成長させるが、買収による多額の負債を抱えて経営難に陥り、二〇〇二年に辞任。放漫経営の罪を問われ、二〇一一年に禁錮三年の執行猶予判決を受けた〕。

政治的メンター

エマニュエル・マクロンは歴史学教授のフランソワ・ドスが「父子のようだ」と形容する関係をポール・リクールと結び、さらにローラン・ファビウス〔社会党所属の政治家。ミッテラン大統領のもと、一九八四年に三七歳で首相に就任。その後、経済大臣や外務大臣などを歴任〕といっとき親しく交流したあと（二〇〇〇年にマクロンが半年間、政党〈市民運動〉のジョルジュ・サール〔一九九三年に社会党を離党してジャン＝ピエール・シュヴェヌマンとともに同党を結成する」の事務所で働いていたときのことだ）、アンリ・エルマンと決定的な出会いを果たした。

マクロンの政治的メンターとしてしばしば紹介され、二〇一六年一一月に亡くなったこの控えめな実業家は、スーパーマーケット業界で財を成し、進歩的左派のメセナ活動家として存在感を示した。改革志向の彼は、〈テラ・ノヴァ〉やピエール・ロザンヴァロン「歴史家、社会学者。政治史や社会正義の問題を専門とする」の〈ラ・レピュブリック・デ・ジデ〉といったさまざまな左派系シンクタンクに資金援助を行ったほか、ル・モンド紙の元主筆、エリック・フォットリノが創刊し、マクロンについて定期的に記事を掲載している週刊紙ル・アンの主要株主だった。

元レジスタンス闘士で、進歩的知識人やエスプリ誌「人格主義思想を唱えた哲学者エマニュエル・ムーニエが一九三二年に創刊した哲学・思想誌」に近く、ル・モンド紙に「反植民地主義者、ヒューマニストでクリスチャン」と紹介されたエルマンは統一社会党「一九六〇～九〇年」の元党員で、ミシェル・ロカールの門下生たちが構成する〈第二の左翼〉「社会党内の絶対的権力者だったミッテランに対抗してロカールが唱えた、市場を重視する改革・現実路線の左翼」の選挙候補者たちを一貫して支援して、それゆえマクロン青年をみずからの庇護《ひご》のもとに置くことにした。

息子みたいなもの

マクロンと出会ったのは、国立行政学院《ENA》時代に彼がナイジェリアで数カ月の研修を受けたあと、今度は高級官僚としての研修を受けるために派遣されたオワーズ県庁での昼食会でのことだった。

エルマンはこの「頭脳明晰な」青年にすぐに夢中になり、彼の妻ベアトリスによると、「パリに来なさい。いろんな人に紹介してあげよう」と声をかけたらしい。そうしてエマニュエルとブリジットは、エルマン夫妻の人生に深くかかわることになる。ベアトリスはこう証言する。

「エマニュエルと夫は頻繁に会っていて、よく夫婦四人で、あるいは友人たちも交えて夕食をともにしたものです。マクロン夫妻と短いバカンスに出たこともありますよ」

エルマンは気前のよい理想主義者で、エマニュエル・マクロンが最初のアパルトマンを購入するとき、彼に資金を貸している。また、ミシェル・ロカールを大統領に就かせることに失敗したあと「ロカールは一九九五年の大統領選出馬を公言していたが、社会党第一書記として臨んだ九三年の総選挙や九四年の欧州議会選挙に敗れて撤退した」、牽引役を欠いていた進歩的左派の顔となるよう、さらには大統領選に打って出るようエマニュエルの背中を押した。

エルマンの妻ベアトリスは、彼とエマニュエルはとてもウマが合っていたと断言し、「息子みたいなものでした」と語る。

彼女によるとブリジットも同じように思っていて、ある日ブリジットから、エマニュエルは実父ともこれほど親密には付き合っていないと告げられたそうだ。

事実、二〇〇七年にエマニュエルとブリジットが結婚したとき、アンリ・エルマンは新郎の証人の一人で、ミシェル・ロカール元首相の妻シルヴィーによると、エルマンが「式の段取りをつけた」らしい。エルマンは当初の約束を果たし、マクロンを「大物たちに紹介した」。シルヴィーは、「アンリはエマニュエルのためにドアというドアを開け、とくに彼を夫ミシェルに紹介しました」という。

マクロンは以後、エルマン夫妻と同じようにロカール夫妻とも交流を重ねることになる。シルヴィーは、マクロンには「一五分も一緒にいると、ずっと前から知り合いだったかのような印象を相手に抱かせる」特別な才能があると語る。彼女は一〇年前、マクロン夫妻がパリに引っ越してきたばかりの頃、「地下鉄レ・ゴブラン駅の近くにあった夫妻の小さなアパルトマン」で彼らが初めて開催した夕食会のことをおぼえている。

「サロンのソファがダイニングルームからほんの二メートルしか離れていないところにあったのよ。マクロン夫妻はパリで、ミシェルや私たちに歓迎されたことに感激していました」*1

誰もが欲しがる理想の息子

マクロンはこのミシェル・ロカールとの交流をことさらアピールする。彼はロカールが首相を務めたことで「国が市民社会に近づいた」と評価し（もっとも、ロカールが首相を務めていたときマクロンはわずか一一歳だった)、ロカールの死の翌日にはル・パリジャン紙に、「彼は〈社会参入のための最低所得保障〉制度といった大規模な社会政策や、国家改革の最初の試みを伴う公共サービス改革を実現させると同時に、社会的市場経済への貢献を果たした」と述べた。

さらに、ロカールがル・ポワン誌に掲載された彼の最後となるインタビューの中でマクロンのことを「歴史から遠ざかっている」と嘆いたにもかかわらず、当のマクロンは、〈第二の左翼〉のモラルの象徴だったロカールと知性を通じて父子のような関係を築いたことを強調した。

これはエマニュエル・マクロンにとって、統一社会党の元リーダーで、ニューカレドニア独立問題を平和的に解決した偉大な政治家ミシェル・ロカール［首相在任中の一九八八年六月にニューカレドニアの自治拡大を盛り込んだマティニョン協定を締結し、八〇年代後半から激化していた独立闘争を収拾させた］と自分の関係は、ロカールとロカールを師と仰ぐほかの政治家たちとの関係とは違うと、暗に主張する方法なのだろうか？　マクロンは、「権力の場にいるロカールを知る者は、彼のすべてを知るわけではない」と発言し、マニュエル・ヴァルス、ステファン・フクス［総合広告代理店ハバスの副社長。さまざまな政治家の広報アドバイザーを務めている］、アラン・ボエール［犯罪学者、治安・テロ対策専門家］を牽制した。そして手厳しくこう述べた。

「そうした人たちは高邁な思想を追求しているのではない。権力好きのネットワークに属しているだけだ」＊2

ずいぶんと辛辣な言葉ではないか。あれほど温和なマクロンも、大統領選挙という勝負がかかった場面では歯に衣着せぬ物言いになるようだ。もっとも彼は、微笑みを浮かべながらユーモアを交えていい添えた。

「クリスチャンとしては、右頬を打たれれば左頬も差し出すべきなのだろうが、そんなわけにもいかなくてね……」

マクロンのこうした言葉を聴くと、ミシェル・オディアールが脚本を手掛けた映画『Les Tontons flingueurs（英題：ムッシュー・ギャングスター）』に出てくる次のセリフが思い出される――〝たわけどもには薬を出さんとな。それもガツンと効くやつを。パリ中で、パズルのピースみたいにバラバラになったやつの欠片《かけら》が見つかるぞ。おれにちょっかいを出すやつは容赦しねえ。木っ端みじんにして、吹き飛ばしてやる〟。


エマニュエル・マクロンは彼をパリに呼び、成功の足掛かりをつくってくれたアンリ・エルマンのあとにも、さまざまな人物から次々に目をかけられることになる。彼らはいずれ劣らぬ大物ばかりだ。ジャン＝ピエール・ジュイエ、ジャック・アタリ、ジャン＝ミシェル・ダロワ［ビジネス弁護士］、セルジュ・ヴァンヴェール、アラン・マンク［政治参事官、経済学者、実業家、エッセイスト］、ダヴィド・ド・ロチルド、フランソワ・アンロ、そして……フランソワ・オランド。オランドの側近の一人はある日、オランドがこう口にするのを耳にした。

「エマニュエルは誰もが欲しがる理想の息子だ」

息子の一部が時に〝父親殺し〟を目論むことまでは、さしものオランドも考えがおよばなかったようだ……。

処世術に長けた打算家

エマニュエル・マクロンにとって代父《パラン》は誰でもよいというわけでなく、選りすぐりの人物に限られた。そしてやたら数だけ増やして一大ファミリーを築くのではなく、そこそこの規模に留めた。彼は代父のそれぞれに対して、理想の対話者として振る舞う術を心得ていた。つまり、目を輝かせて相手を食い入るように見つめるのだ。そして、自分の胸中をほとんど明かさずに相手の胸襟を開かせた。彼は完全に理解していた。道を切り開くには、相手を愛し、あなたに関心を寄せています、あなたを尊敬しています、という表情を浮かべ、共感を寄せることが大切だと。

マクロンは処世術に長けた打算家なのか？　相手に関心があるふりを装っているだけなのか？一部の人はそうだと認める。彼をよく知る経営者はいう。

「その質問に答えるのは難しい。彼はヴァンサン・ボロレ［物流、通信、メディアなど幅広い事業を展開する仏複合企業ボロレグループ会長］のような、人をたらし込むことがうまい信用のならない嘘つきではない。エマニュエルはいかさま師ではないのだ。いずれにせよ、演出された愛情と実際にある愛情の境目を見極めることは難しい」

確かに見極めは難しい。ほかの多くの政治家のようにエマニュエル・マクロンも、「あなたに関心を寄せています」とアピールする愛想のよい仮面を付け、情に訴える誠実な雰囲気をまとうことが得意な打算家なのかどうか判断はつかない。

クレディ・リヨネ銀行の元頭取で、フランソワ・バイル［バラデュール、ジュペ両内閣のもとで教育大臣に就任。中道派の政党〈民主運動〉を結党し、党首を務めている］に近く、当初マクロンを支持していたがのちに距離を置くようになったジャン・ペイルルヴァドは、テレビのインタビューに答えるマクロンを見て憤慨したという。

「純粋に政治的分析にもとづく話を、くだらない感情レベルの話にすり替えるので驚いた。これでは彼が人々との関係を、愛情といった観点や、どれだけ相手の心を惹きつけたかという角度からしか分析できないかのようだ」

独特の対話術

ジャック・シラクは権力のトップにいた頃、一部の側近とのあいだに父子のような親しい関係を築き、目をのぞき込むようにして接したり、相手の琴線に触れるような言動をしたりして、彼らから巧みに忠誠心を引き出していた。

マクロンが打算的なのかどうかは別にして、彼もその種の行為が驚くほど得意なようだ。疑いの余地なく、その方面における彼の才能は抜きん出ているといえる。彼はさりげなく人に気に入られることができる。どんなときにも多大な親切心を発揮し、いつも相手の話に熱心に耳を傾け（そう簡単にできることではない）、類いまれなテクニックを披露しながら。

マクロンの〝兄〟の一人で、彼のロチルド銀行入りを世話した同行副頭取のフランソワ・アンロは、そのテクニックを「独特の対話術」と呼ぶ。相手をいつのまにか納得させ、その心をわしづかみにする技だ。

マクロンは相手の瞳をひたと見つめる。いま交わされている会話は、世界で一番意味のあるものなのだ、いくら時間をかけてもかまわないとでもいうように。一五分、あるいは三〇分に設定されていた会談は結局、四五分、一時間、さらには二時間にも延びる。熱を帯びた会話が繰り広げられているのだから時間など惜しくない、というわけだ。

フランソワ・アンロは、「財政監査官たちの中でも彼の人の話を聴く能力は並外れていた」と証言する。

「ほとんどの人は、真実は一つしかないと考えがちだ。そして相手に、〝あなたの意見は私の意見と同じくらい重要だ〟というメッセージを伝えることのできる人はほんのひと握りしかいない」*3

アンロはさらに、巧みにこう説明する。

「エマニュエル・マクロンに誰の心をも捉える強烈な魅力がそなわっていることに異論の余地はない。だが、それは計算にもとづくものではなく自然なものだ。ごくたまに、身体から全方位的に何かオーラのようなものが発せられていて、老若男女を問わず、さらには教育レベル、社会階級、財産の有無にかかわらず、あらゆる人から好かれる人物がいるが、彼も間違いなくその一人だ」

そしてアンロは、「だから、彼は政治家になる前からすでに人を虜にする資質をそなえていた」と主張し、自分が銀行の入り口の守衛に挨拶したときのエピソードを笑いながら披露した。「守衛からこんな言葉が返ってきたんだ。〝そうそう、ムッシュー・アンロ、ご存じですか？　私にいつも〈ボンジュール〉と声をかけたり、〈よいお年を〉などといってくれたりした人は三人しかいませんよ。ダヴィド・ド・ロチルドとあなたとムッシュー・マクロンです〟」

長所は誰とでも友だちになること

結局のところ、マクロン青年はその無邪気で人のよい雰囲気を武器に、ごく早いうちから巨大な利権システムに足を踏み入れ、誰にでも親切心を発揮して見返りを得ようとしたのではないのか？　しかしここでもフランソワ・アンロは、自分が可愛がってきたマクロンをかばって、こう説明する。

「利権システムだって？　とんでもない。われわれはエマニュエルから何らかの便宜を図ってもらったことなど一度もない。国家機構と取引を行ったわがロチルド銀行のスタッフの誰一人、特別扱いされたことは少しもない。〝利権システム〟イコール〝便宜供与〟だが、彼はそんなシステムの中にはいない。彼が大統領府（エリゼ宮）で働いていた頃、国からロチルド銀行に業務が委託されたことはなかったし、われわれのかかわるビジネスが有利に進むこともなかった」

フランソワ・アンロは自分の言葉の正しさを裏付けようと、ブイグ・テレコム社とフランス通信最大手、オレンジ社との合併話が破綻したときの話をもち出した。

「当時、経済大臣を務めていたエマニュエルは、ロチルド銀行がブイグ社のマルタン・ブイグ会長［建設、メディア、情報通信などを手掛ける大手複合企業ブイグの会長］の顧問を務め、オレンジ社による同社の買収を成功させるために動いていたことを知りながらも厳しい一連の条件を設定した。その結果、合併が頓挫したのだ」

エマニュエル・マクロンに入れ込んでいるのは何もフランソワ・アンロだけではなく、彼に魅了されたという経営者や起業家の声は数多く聞かれる。起業家のマルク・シモンシニは私に次のようなメールを送ってきた。

「エマニュエルとはごく短期間しか交流がないので、彼について教えてくれと頼まれても、まるでひと目惚れの翌日にその恋について語ってくれといわれているようなものだ」

同じく起業家のグザヴィエ・ニエルは、ル・モンド紙の買収をめぐる戦い［ニエル、イヴ・サンローランの共同創業者ピエール・ベルジェ、投資家のマチュー・ピガスの左派系実業家グループが、サルコジ大統領の推す仏テレコム社を中心とする企業グループを退け、二〇一〇年、同紙を買収した」でマクロンが〝意地悪〟だったことを忘れ（マクロンはニエルの反対陣営のアドバイザーだった）、大臣となったマクロンにハイテク分野のエリート経営者たちを紹介した。その彼がいう。

「マクロンの長所は誰とでも友だちになれることだ」*4

人間関係の築き方

この種の証言を並べれば、何ページもの紙面が埋まるだろう。マクロンに限りない賛辞を贈る有名人は大勢いて、そこには大物や重鎮も含まれる。彼らはとくに、マクロンの驚くばかりの共感力、誰とでもすぐに打ち解ける天性、聞き上手の素質（マクロンはつねに聞き手に回り、人の話に熱心に耳を傾けるが、そこには自分の本音を出さずにすむという大きな利点もある）、率直さ、自然な態度を賞賛する。

たとえばダヴィド・ド・ロチルドは、マクロンの知性とカリスマ性を評価する。

「彼の性格には間違いなく人を惹きつける何かがある。彼は感情豊かだ。感情は政治の世界では表に出されないことが多いのだが……。彼は七〇〇人のスタッフを擁する非フランス系のわがロチルド銀行に勤めていた頃、多くの人がしないあたり前のことをしていた。毎日秘書たちに挨拶し、調子はどうかと尋ね、ハグしていたのだ。彼に話しかけると、彼はじっとこちらの目を見て優しさを示してくれる。彼は相手の心に寄り添おうとする。これは集団で働く上での大きな武器だ。彼は人間関係を築くのが実にうまい」＊5

エマニュエル・マクロンがロチルド銀行で自身最大の取引、つまりネスレ社の買収案件をまとめたときに彼を手助けした弁護士のジャン＝ミシェル・ダロワは、「彼はほかの人とは違う。何か特別なものを感じるのだ。彼は人の話にとにかく耳を傾ける」と語る。だが、彼はけっしてマクロンに丸め込まれているわけではない。その証拠に、こうも述べている。

「セルジュ・ヴァンヴェールやアラン・マンクとよく話すんだ。〝彼は老人を手玉にとるのがうまい〟とね。それは誰の目にも明らかだ。もう一人、彼にぞっこんの人物がいるのだが、それは何を隠そう、ネスレ社のピーター・ブラベック＝レッツマット会長だ」

〝規格外の人物〟

サノフィ社［フランスの製薬・バイオテクノロジー大手］のセルジュ・ヴァンヴェール会長も海千山千の強者《つわもの》だが、その彼が大きな執務室の肘掛け椅子にゆったりと身を沈めて目をきらめかせ、穏やかな声で認めている。

「アタリ委員会で初めてエマニュエルと会ったとき、〝規格外の人物〟だと思ったよ。私はこれまで何人もの高級官僚《テクノクラート》に出会ったが、彼らの多くは物事の概念を捉えることが苦手だった。だが、エマニュエルは優れた資質と共感力を通じて、物事を概念化するのと同時に、問題の技術的な詳細を処理する能力を発揮する」＊6

ヴァンヴェールとマクロンは「仲のよい、それもかなり仲のよい友人同士」になった。ヴァンヴェールはマクロンがキャリアの方向性について悩んでいたとき、ダヴィドとフランソワ・アンロに連絡し、この有望な青年に会うよう勧めた。マクロンの、「銀行家として成功するために必要な、物事にとらわれない柔軟な考え方」を評価していたからだ。

そういう経緯があったので、マクロンはその数年後、政治運動〈前進！《アン・マルシュ》〉を立ち上げる計画をごく自然にセルジュ・ヴァンヴェールとジャン＝ミシェル・ダロワに真っ先に打ち明けている。

「私は彼にとって親戚のおじさんってわけだ。それもかなり年配の！」と、かつてローラン・ファビウスの顧問を務めた経験をもつヴァンヴェールは冗談めかしていった。〈前進！《アン・マルシュ》〉をつくる計画は、彼の妻ブリジット、ヴァンヴェールの妻フェリシテ・エルゾーグ［アンナプルナの初登頂者モーリス・エルゾーグの娘で、国際金融コンサルタントを務める］、ジャン＝ミシェル・ダロワの妻で写真家のベッティナ・ランスも参加した「肩肘の張らない」夕食会の席で発表された。

その際、マクロンが政治運動を立ち上げたあとの次の一手について明言しなかったので、ヴァンヴェールは〈前進！《アン・マルシュ》〉をつくる計画にすぐには同意できなかったという。そこで彼はマクロンに数々の疑問をぶつけ、その結果、マクロンが自分自身に絶対的な自信をもっていることを知り、感銘を受けた。

「そのとき私は、それまで交わしてきたやり取り以上に、個々の小さな疑問のすべてを一掃する彼の強い信念を感じた」

これは一種の妄信なのだろうか？　そう尋ねると、ヴァンヴェールはいった。

「妄信かそうでないか、明確に線引きするのは難しい。だがとにかく、大統領選に出馬するには並々ならない決意と、自分自身に対する理性を超えた揺るぎない自信が必要だ」

冷淡で冷徹

会った人の誰をも魅了するマクロンだが、中には歳月とともに彼と疎遠になった人もいる。また、まだ交流を保ちながらも〝オフレコで〟彼に疑念をもつようになった人や、落胆を隠さない人もいる。国立行政学院《ENA》のクラスメイトの一人は、「エマニュエルは次々に新しい人と知り合って親しくなる。というか、これまで知り合った人を次々にないがしろにする」と語る。

「彼は恩返しをしない。つねに人を利用する。だが驚きなのは、エマニュエルが知り合いになる往々にして切れ者とされる人たちは、それを重々承知の上で彼に利用されてしまうことだ！」

まさにドン・ファンといわれるゆえんだろう。
エマニュエル・マクロンの人たらしの人生、彼の代父《パラン》の頻繁な交代劇において、客観的に見てもっとも手ひどい扱いを受けたと思われる人物はもちろん、フランソワ・オランドだ。だが、オランドとマクロンに類似点がないわけではない。両者とも「愛想がよくにこやかだが、実は冷淡で冷徹」といわれているからだ。それでもやはりオランド大統領にとっては、してやられた感が強いのではないか。

もっとも、ジェラール・ダヴェとファブリス・ロムの共著『Un président ne devrait pas dire ça（大統領ならそんなことといってはいけません）』[*7]の中で紹介されているように、自分がまんまと利用されたことに気づくのには少々時間がかかったようだ。マクロンとオランドの共通の友人は愉快そうにいう。

「エマニュエルが経済大臣を辞任するずっと前にオランドが、〝エマニュエルは誰もが欲しがる理想の息子だ〟と口にするのを聞いたことがある。その後の成り行きを、オランドは間違いなく苦々しく感じているはずだ。一杯食わされたと思っているのだ。エマニュエルは非常に感じがよくて明るかった……。オランドはまさか、彼が自分を出し抜こうとしているとは思いもしなかっただろう」

確かにオランドにとってはかなりの痛手だったに違いない。それはエマニュエル・マクロンが、結果的にはマニュエル・ヴァルス以上に決定的な打撃を彼に与えることになっただけになおさらだ。何しろマクロンが大統領選に出馬したことで必然的に——彼が最終的にどれほどの支持を集めるかは別にして——、左派の候補が決選投票に進める可能性が極端に低くなってしまったのだから。

オランド大統領はおそらく、マクロンよりも自分のほうが強いと思っていたのだろう。先の友人はいう。

「オランドもほかの人のように〝クソッ、だましやがって！〟とでも叫んだはずだ。だが、エマニュエルはめぐってきたチャンスを絶対に逃さない人間だということを心得なければならない」

〝フランス流システム〟

ある人物は、「マクロンの代父《パラン》たちは毎回おなじみのプロセスをたどることになる」と笑いながら指摘する。つまり、初めは自分が目をかけている青年のパリでの成功を誇りに思うが、しばらくすると、この〝ラスティニャック〟［バルザックの『ゴリオ爺さん』に登場する田舎出の野心家の青年］に利用されたこと、自分が主人《あるじ》ではなかったことに気づくのだ。毎回、世間の尊敬を集める立派な人物たちが、「エマニュエルに強烈に惹かれ、エマニュエルが彼らに嘘をついたわけでもないのになぜか彼らは彼を甘く見てしまう」。

進歩的左派を代表しようとするマクロンの試みに当初は惹かれながらも、パリのミュチュアリテ会館で開催された彼の最初の選挙集会に参加したのち――、「美しい演説だったが、中身はスカスカだった」――彼から距離を置くようになったある財界人はマクロンの手法に驚き、こう証言する。

「まず強烈に惹きつけられる段階がある。まるで親友同士のような並々ならぬ親しさを示され、メールの署名の最後に〝キスを送ります〟などと書かれて。だがその後、彼のスピーチには論理が欠けているような、彼が自分の考えを述べていないような印象を抱くようになる。彼は〝ウィ〟や〝ノン〟は口にするが、一貫性のある思想も、総合的なビジョンも示さない。その時々で都合のいい話に終始する」

マクロンに失望したこの人物によれば、マクロンは「自分を崇高な存在にしようと躍起になって」いて、彼にとってほかの人に対する気遣いは、本音を隠したまま物事を進める最良の手段であるらしい。

選挙戦の当初、大胆にもエマニュエル・マクロンは既存のシステムに異を唱える候補者として自分を位置づけた。だが彼はその実、既存のシステムのおかげで華々しい出世を遂げることができたのだ。まずは官僚の、次いで金融界の既存システムのおかげで。ある経営者は、「この国の出世のメカニズム、つまり優秀な人材を見つけ出して前面に押し出す一種の徒弟制度のようなものを通じて、〝システム〟がマクロンを押し上げた」と分析する。

一方、マクロン本人は、「仕事をしていく上でシステムに属するよう強いられたが、そこに長くは留まらなかった。一度システムの仕組みを理解してしまうと、そこに属することなどできなかった。システムの快適さを受け入れたことは一度もない」[*8]と主張し、ロチルド銀行を辞めて大統領府（エリゼ宮）で働くことになったとき自分は「すべてを捨てた」と強調する。二〇一四年七月、副事務総長の職を辞して大統領府（エリゼ宮）を去るときも、何も求めずすべてを捨てたのと同様に（その後、同年八月二六日に彼は経済大臣に任命されるのだが……）。

なるほど、ものはいいようだ。何はともあれ、かの有名な〝フランス流システム〟を象徴する一握りの人々や、この国の特権階級に属し、隠然たる影響力を発揮している一部の人たちが、マクロン青年の華々しい出世に決定的な役割を果たしたことだけは確かである。

第八章

〝システムの申し子〟の家族風景

ジャン＝ピエール、ジャック、アラン、ダヴィド銀行家としても政治家としても、エマニュエル・マクロンはそのキャリアの中で数多くの代父《パラン》を得た。そのうちの四人をこの章でとり上げて、マクロンがどのようにして彼らと出会い、夢中にさせ、そして時に道端に置き去りにしたか、そのプロセスをつぶさに見るべきだろう。学びに満ち、と同時に情熱的で……幻滅を伴うことになる出会いを。

ジャン＝ピエール・ジュイエ

まずはジャン＝ピエール・ジュイエ――現在、大統領府（エリゼ宮）で〝改悛の罰〟を受けている、あの何とも味わい深い、人好きのする人物のケースを見てみよう。

彼はオランド大統領の最側近だが、彼が〝フランソワ〟と呼ぶオランドの五年の大統領任期の最終章を、窓際に（あるいは窓際近くに）追いやられて過ごしている。しかも監視役付きで。もっとも、オランド大統領が誕生したときも彼は肩身の狭い思いをした。オランドの前任者であるニコラ・サルコジ大統領のもとで、欧州問題担当閣外大臣を引き受けてしまったからだ。

オランドが大統領に就いた二〇一二年、〝罪人〟ジュイエは、サルコジが政権を去る際に預金供託金庫に移って身を清め、その後、まずは彼の秘蔵っ子マクロンを大統領府（エリゼ宮）の副事務総長に就かせることに成功した。そしてその二年後の二〇一四年四月、今度は彼自身が事務総長の地位を得た。

ジャン＝ピエール・ジュイエは、国立行政学院《ENA》のかの有名なヴォルテール期生で（同期にオランド、セゴレーヌ・ロワイヤル、ドミニク・ド・ヴィルパン［政治家、作家、弁護士、外交官。シラク政権の外務大臣時代、国連でイラク戦争に反対する演説を行う。その後首相も務めた］などがいる）、この国の陰謀や大金が絡む策略の数々に通じている。

度を超したお人好しで世話好きで、愛想がよく、素直で少しばかり無邪気なところがあり、情にもろく、愛情豊かな彼は、クリスチャンを自任し、同性婚を認める通称〈みんなのための結婚法〉の採択をめぐって苦汁を舐めた。しゃべりすぎるのが玉に瑕《きず》で、ル・モンド紙の二人のジャーナリストに情報を漏らしたことで苦境に陥った。フランソワ・フィヨンとランチをともにしたときに、ニコラ・サルコジに対する司法手続きを早めるようフィヨンから要請されたという情報だ［二〇一二年の大統領選の際にサルコジの選挙費用が法定上限を超えていたという疑惑の追及を認め、サルコジの政界復帰を阻止するよう要請されたとされる事件］。そのため彼はふたたび冷遇され、ジャーナリストとの接触を「禁じられ」、携帯電話を没収された。

〝すべてが交わる中心〟

彼は実に変わっている。気立てがよく、サッカーとシャンソンが好きな美食家で、パリ政治学院と国立行政学院《ENA》で学んだあと、財政監査官を務め、フランスでもっとも羨望されている財務省幹部職や、金融市場庁、次いで預金供託金庫の役員といった権威ある官職を経験し、妻を交えて選りすぐりの友人たちとディナーをとるのが何よりの楽しみ、という人物だ。

彼の妻ブリジットもまた有能で、香水ブランド〈アニックグタール〉の社長を務めたのち、パリ政治学院の戦略部長に就任した。寛容で、フランス経済界をリードするテタンジェ一族の出であるブリジットは、フランスの石油大手、トタル・グループを率いたクリストフ・ド・マルジュリとはいとこ同士だった。

そのため二〇一四年一〇月二七日にクリストフ・ド・マルジュリの葬儀がサン・シュルピス教会で執り行われた際、金融界を手なずけたがっていたオランド大統領に代わって彼の親友ジャン＝ピエールが参列者の最前列に陣取り、感動的な弔辞を読んだのだ。

トタル・グループのド・マルジュリ会長は、身体を揺すりながら親しげな口調で話す、〃にこやかな人食い鬼《オーグル》〃といった風貌の型破りな経営者で、一部の人間が権力者に媚びへつらう様子を楽しげに、かつ冷めた目で眺めていたものだ。だから彼がこの日の自分の葬儀を目にしたら、たぶん笑っただろう。左右を問わない政財界の権力者たちが一堂に会したかのような集まりだったからだ。

参列したのは、表向きはときに激しくやり合うが、パリにあるエリート・セレブ限定の会員制クラブ〈ル・シルクル〉や〈オペラ座友の会〉のパーティーなど、プライベートな場で顔を合わせたときには親しく言葉を交わしている面々だ。マルタン・ブイグ、セルジュ・ヴァンヴェール、クララ・ゲマール［実業家。対仏投資庁長官を務めた］、アレクサンドル・ボンパール、アルノー・モントブール［反グローバニズムを唱える社会党内左派。第一次ヴァルス内閣で経済大臣を務めていたときオランド政権の経済政策を批判して更迭される。後任にマクロンが選ばれた］、ラシダ・ダティ［女性政治家。サルコジ政権下のフィヨン内閣で内務大臣を務めた］、ヤミナ・ベンギギ［女性映画監督。オランド政権下のエロー内閣で在外フランス人・フランコフォニー担当大臣を務めた］……。ジャン＝ピエール・ジュイエはその全員を知っていて、機会あるごとに支援した。彼はすべてが交わる中心にいて、つねに有望な人物を探している……。

出世の階段

私は二〇一七年一月にジュイエと会った。その日はル・カナール・アンシェネ紙にフィヨン陣営のスキャンダルを煽《あお》る記事（「フィヨンにとって妻ペネロプはうまい儲け口《フィロン》」）が掲載された翌日だった。ジュイエは陽気で機嫌がよかった。

「世の中、よくもまあ、次から次にいろんなことが起こるものだ」

彼は今後の展開が楽しみだ、とでもいうようににやりとした*1。

ランチをとるため、私は大統領府（エリゼ宮）の二階にある小さなサロンに迎え入れられた。オランド大統領の写真が掲げられ、あちこちに飾られた花が寂しげに揺れている少々わびし気な小さな部屋で、サバの香草風味、アンコウのロースト、野菜のピューレ、アイボリーキャラメルフィンガーというメニューだった。

ジュイエはエマニュエルをよく知っていた。それもかなりよく。エマニュエルが経済大臣を辞任した直後の短い氷河期を除き、二人はずっと親しく付き合ってきた。ジュイエはオランド大統領に彼を推薦し、側近として登用するよう勧めたほか、たくさんの人物に紹介した。

しばしば紹介の舞台となったのが、パリ一六区、サン＝ジャン・ド・パシィ校近くにある彼のアパルトマンで開催された気取らない夕食会だ。会には、オランド大統領がまずはヴァレリーを、次いで新しい恋人のジュリーを伴い参加した。セルジュ・ヴァンヴェール、シャルル＝アンリ・フィリピ［実業家］、アレクサンドル・ボンパール、マルタン・イルシュ［高級官僚で現在、パリ公立病院連合会長を務めている］など大勢の人が招かれた。

ジュイエはずいぶん前に〝エマニュエル〟に目をつけた。エマニュエル・マクロンが破竹の勢いで出世の階段を上ぼることができたのは、ジャック・アタリと並んでこのジュイエに負うところが大きいだろう。

財政監査総局の超エリート官僚

ジャン＝ピエール・ジュイエがマクロン青年と出会ったのは、ジュイエが財政監査総局長という強大な権力をもつ行政機関のトップを務めていたときだった。

財政監査総局はまさに権力の中枢で、ヴァレリー・ジスカール・デスタン、アラン・ジュペ［シラク政権下で首相を、サルコジ政権下で環境・開発・エネルギー・運輸大臣、国防大臣、外務大臣を務めた］、ジャン＝マリー・メシエ、アンリ・ド・カストル［保険・金融大手アクサの元CEOで、フランソワ・フィヨン内閣に加わった］などエリート中のエリートがここで働いた経歴をもつ。

財政監査総局での職歴は、上着の胸に付ける勲章よりも価値があり、党派の違いを超えて威力を発揮する。この組織に入れるか否かは、エリート官僚にとってキャリアを左右する大問題だ。いずれにせよ、作家を志したマクロン青年の文学や哲学への憧れからはかけ離れた場所である。ジュイエは、「財政監査総局のスタッフの中でその並外れた優秀さからすぐに目を引いた人物が数人いた。アレクサンドル・ボンパール、マルグリット・ベラール、セバスチャン・プロト、そしてエマニュエル・マクロンだ」と述懐する。

彼らはいずれも才気煥発でルックスもよく、野心を実現するために何時間でも仕事に明け暮れ、みんながみんな、この国ではおなじみのパターンをたどった。官職のキャリアと大臣官房で務めた経歴で箔を付け、民間に転身するというパターンだ。

たとえばアレクサンドル・ボンパールは国立行政学院《ENA》を一九九九年に卒業したシラノ・ド・ベルジュラック期生で、二〇〇二年に財政監査官になった。その後、フランソワ・フィヨン社会問題・労働・連帯大臣の技術参事官を務めたのち、二〇〇四年に有料テレビ放送局〈カナル・

プリュス〉に入り、次いで二〇〇八年、ラジオ局〈ヨーロッパ1〉のCEOに就任、二〇一一年には大手書店チェーン〈フナック〉の指揮を執ることになった。

マクロンと同じ国立行政学院《ENA》のレオポール・セダール・サンゴール期生で、ENAを首席で卒業し、プリンストン大学の学位ももつマルグリット・ベラールは、サルコジ政権下で大統領府（エリゼ宮）の参事官を務め［二〇〇七〜一〇年］、次いで二〇一二年まで労働・雇用・社会保護省の官房長として働き、その後、銀行大手BPCEグループの副頭取に就任した。

「右派のマクロン」とも呼ばれ、国立行政学院《ENA》の入学試験を首席で合格し、次席で卒業したセバスチャン・プロトは（彼もサンゴール期生）、二〇〇七年と二〇一二年にサルコジの選挙公約となる経済プログラムの策定に協力した。彼はエリック・ヴェルト予算大臣の官房長を務めたのち、マネージャーとしてロチルド銀行に入り、マクロンと再会する。その後、ヴァレリー・ペクレス予算大臣の官房長を務め、二〇一二年にサルコジがオランドに敗れたあとは、ふたたびロチルド銀行に今度はマネージング・パートナーとして迎えられた。

共感力

文学好きでポール・リクールを崇拝するエマニュエル・マクロンが、このような超エリートが集まる権力の中枢に身を置くのはいささか場違いにも思えるが、周囲から浮くこともなくうまくやっていたようだ。ジュイエは彼のことを、「人懐っこくて独創的で、行動が早く、おまけに知識豊富で興味の幅が驚くほど広く」、しかも「共感力をそなえている」と評している。

ジャン＝ピエール・ジュイエは財政監査総局長として若い財政監査官たちが作成した報告書を読んでアドバイスし、彼らと緊密な関係を築きながら働いた（「彼らが提出した報告書を添削してやるんだ。すると嬉しいことに、今後のキャリアについて相談されることになる」）。彼はそのようにしてエマニュエル・マクロンと知り合い、すぐに親しくなった。そしてその後マクロンをプロジェクト・マネージャーに抜擢した。

ジュイエによればプロジェクト・マネージャーとは、「慣例的に、総局長と二人三脚で働く若いスタッフに割りあてられるポスト」らしい。二〇〇七年のことで、ジュイエとマクロンはとても気が合った。

エマニュエルはかつてリオネル・ジョスパン内閣の官房副長官を務めたこともあるジュイエを自分の結婚式に招待した（ただし、ジュイエは参列できなかった）。二人は政治や文学について語り合い、ともに古きよきフランスの歌を好んだ。ジュイエは『Nous les avons tant aimés（私たちは彼らを深く愛した）』[*2]という本を刊行しており、その中で彼の同世代の政治家たちを、歌を引用しながら紹介している。

懐メロ好き

一方のマクロンも懐メロ好きで、レオ・フェレ（これはオランド と同じ）、ジョルジュ・ブラッサンス、クロード・フランソワのファンだ。財政監査局のセミナーでマクロンとジュイエは歌のサビを一緒に口ずさむこともあったらしい。

「一般にはあまり指摘されていないことだが――」とジュイエはいう。「エマニュエルは飲み食いが好きな、人生を謳歌する楽天家だよ」。

この言葉は、マクロンより先に『Révolutions（革命）』［ただしマクロンの本のタイトルとは違い、革命は複数形］と題された本を刊行し＊3、同じように政治にもかかわっているもう一人の投資銀行家、つまりラザード・フランスを率いるマチュー・ピガスとマクロンは違うのだというジュイエからのメッセージだ。ピガスはオルタナティブロックを聴き、インゲン豆一個にも気を使ってダイエットに励む人物といわれている。

一方のエマニュエルは、ジュイエいわく、「深刻にならずに真剣に物事にとり組むタイプだ」。というわけでジュイエとマクロンは、ウィスキーを飲み交わし、サッカーを楽しむ親しい間柄なのだ。

ジュイエによると、マクロンがまだ大統領選の候補者ではなかった頃に一緒にサッカーをしたことがあり、「彼は本気でプレーする」と証言する。テニスも同じで、「容赦はしない。彼はファイターだ」。

要するに二人はそのようにして絆を築いてきた。ジュイエの母が他界したときは、ちょうど祖母を亡くしたばかりだったマクロンから「思い出と死をテーマにしたロラン・バルトの美しい本」が贈られたらしい。

二人は宗教についても語り合う。両者とも私立のカトリック系の学校で学んでおり、まるで見えない糸で互いに引き寄せられているかのようだ。「クリスチャンだということも私たちが親近感を抱くきっかけとなった。彼女の奥さんも含めて」とジュイエは認めている。

そういえば、ジュイエとブリジット・テタンジェ夫妻の子どもの何人かは、ブリジット・マクロンが教師として勤め、生徒から大人気だったサン＝ルイ・ド・ゴンザーグ校に通っていたはずだ。

オランドとマクロン

もちろん二人は宗教だけでなく政治についても語り合った。だが、エマニュエル・マクロンが財政監査官だった頃はまだ、ジュイエは彼に強い政治的野心を感じなかったという。あるいは、マクロンがよほどうまく隠していたということか。

二〇〇九年、マクロンがローラン・ファビウスと親しくなり、祖母ジェルメーヌ（マネット）の故郷であるオート＝ピレネー県から選挙に出馬することを考えはじめていた頃、セルジュ・ヴァンヴェールの家で開かれた夕食会でジュイエはマクロンにアドバイスした。

「そのとき私は彼にいったんだ。〝ファビウスは大統領選の候補者にはならない。だが、注目しなければならない人物がいる。彼にはチャンスがあるからね。それはフランソワ・オランドだよ〟と」

誰かのためにひと肌脱ごう、お膳立てをしようとつねに張り切るジュイエは早速、彼が〝フランソワ〟とファーストネームで呼ぶオランドにマクロンのことを話し、自宅で夕食会を催してそこにマクロンと妻ブリジットを参加させた。その夕食会にはアレクサンドル・ボンパールやシャルル＝アンリ・フィリピも顔を出したとジュイエは記憶している。

実際にはオランドとマクロンはすでに一度、ジャック・アタリが二〇〇八年にヌイイの自宅で開いた夕食会で顔を合わせていた。だが、二〇一〇年のこの時期からマクロンはジュイエの後押しもあり、左派連合の大統領統一候補を決める予備選が繰り広げられる過程で、フランソワ・オランドの周辺に居場所を見つけることになる。

マクロンは経済学者たちが集まるささやかな勉強会を主宰し、レストラン〈ラ・ロトンド〉に定期的に集まった。メンバーにはフィリップ・アギオン、エリー・コエン、ジルベール・セットのほか、サンドリーヌ・デュシェーヌや、のちに〈前進！《アン・マルシュ》〉に参加するジャン・ピザニ＝

フェリがいた。

『L'Ambigu Monsieur Macron（曖昧なムッシュー・マクロン）』の中で著者のマルク・アンドウェルドが述べているように、ロチルド銀行で働いた経験をもつマクロンは、二〇一二年一月二二日にフランソワ・オランドが行った例のル・ブルジェでの演説のあと、海外の投資家たちを安心させる役目を担った一人でもあった。

あのときル・ブルジェでこの社会党の大統領選候補者は、金融界を「真の敵」と批判した。マクロンはロンドンなどに赴き金融家たちを安心させ、オランドが発表した一〇〇万ユーロを超える所得に対して七五パーセントの税率をかける税制措置は、「経済学の観点から見て危険であり」、おそらくさまざまな抜け道を通じて「厳格には適用されないだろう」と説いた。

だが、それらはみな昔の話、フランソワ・オランドが二〇一二年の大統領選に勝利する前の話だ。

羊小屋に入り込む狼

大統領選の投票日の翌日、ジュイエは新しい大統領に選ばれたフランソワ・オランドが当時ヴァレリー・トリルベレールと暮らしていたパリ一五区のコシー通りにあるアパルトマンに赴き、新しい事務総長に決まっていたピエール＝ルネ・ルマとともに大統領府（エリゼ宮）の人事について話し合った。当然ジュイエは〝フランソワ〟に、「経済分野をてこ入れするため、絶対にエマニュエルを登用したほうがいい」と勧め、新大統領もそれを聞き入れた。そんなジュイエの働きかけのおかげで、羊小屋に入り込む狼よろしく、天使の微笑みを浮かべたマクロンが大統領府（エリゼ宮）入りすることになった。

その後ジュイエはマニュエル・ヴァルスとともに、第一次ヴァルス内閣の予算大臣にマクロンを据えることを提案した（これはオランドに拒まれた）。さらにアルノー・モントブール経済大臣が更迭されたあと、第二次ヴァルス内閣の経済大臣としてエマニュエルを起用するよう勧めた。当時事務総長を務めていたジュイエが大統領府（エリゼ宮）の玄関前の階段に立ち、この輝かしいポストに就任したマクロンの名前を読み上げているときの笑顔を見れば、ジュイエがこの人事に心から満足していたことがうかがえる。

もしジュイエがいま、これまで彼がマクロンにしてきた口添えや手助けの数々を思い返せば、胸がちくりと痛むことだろう。だが、彼は寛大で人がよい。二〇一六年八月にマクロンが経済大臣を辞めて政府を去ったあとの一時期、二人のあいだに当然距離ができたが、ジュイエはその後関係を修復した。そして、それまで政治を毛嫌いしてきた彼の娘がマクロンの選挙集会に行き、すっかりはまって戻ってきた時期には（娘いわく、「パパ、私、泣いちゃった」）、彼は妻とともにル・トゥケにあるマクロンとブリジットの邸宅に泊まっている（たまたま近くで結婚式があったのだ）。マクロンの大統領選への出馬表明から一カ月後の二〇一六年一二月のことだった。

「私たちは友人同士だったと思う」――ジュイエはそう口にしたあと、すぐにいい直した。「私たちは友人同士だと思う」。だが何人かの人に、「ジャン＝ピエール、きみは手玉にとられたんだよ。うぶな青二才のように」と指摘されても異を唱えず、ただ寂しげに微笑んだ。ジャン＝ピエール・ジュイエは本当に人がよい。めったにお目にかかれないほどに。

手玉にとられたジャック・アタリ

もう一人、マクロンに少々手玉にとられた感のする人物がジャック・アタリだ。

この代父《パラン》もまた、マクロンの〝兄〟を自任し、彼をときに叱咤することのできた人だが、彼の場合、熱が冷めた、あるいはマクロンから距離を置くようになったいきさつはジュイエとは違う。

ジャック・アタリは、まさに〝システムの申し子〟マクロンについて――アタリは「システムは正当なエリートもつくり出す」とも述べている――こう語る。

「エマニュエル・マクロン？ 彼を見出したのは私だ。彼をつくり出したのも私だ。それも全面的に。彼を委員会の報告者に据えたときから彼はいろいろな人と知り合いになった。その委員会にはパリの名士たちが大勢参加していて、私はそこで彼を売り込んだ。それが客観的事実

だ」＊4

アタリはおなじみのぎくしゃくとした口調で一気にまくし立てた。頭の中ではさまざまな考えが猛スピードで生まれているのに、それを表現する言葉が追いつかず、単語と単語がぶつかり合っているかのように。神経科医の息子であるエマニュエル・マクロンがアタリについて語った言い回しを用いるならば、この〝影響力のある外部の人〟が、その〝余人にはないシナプスの接続〟をコントロールするのに苦労しているかのように。なるほど、御年七四歳［二〇一八年二月現在］で数々の業績を残し、『時間の歴史』＊5［蔵持不三也訳、原書房、一九八六年］の著者でもあるジャック・アタリは明らかに、誰よりも時間の――とくに彼の時間の稀少性を心得ているようだ。

秘蔵っ子

アタリはいつもこんなふうにストレートで単刀直入な物言いをする。そして、自分がオリンポス山に暮らす神々とも気安く対等に話ができるぐらい高尚な人間であることを、対話の相手に意識させたがる。

アタリは秘蔵っ子マクロンに対して厳しい指摘をし、彼の「中身のなさ」、自己愛、世界に対するビジョンの欠如――「彼には世界観がない」――を非難するが、それでもある一点だけははっきりさせようとする。エマニュエル・マクロンが〝自分の〟、つまりアタリの創造物だという点だ。

「私がいなければ、マクロンの素質がいかなるものであれ、記録的な速さであそこまで出世はしなかったはずだ」

アタリは何度も、マクロンの可能性を最初に見出したのは自分だと繰り返す。

「マクロンが経済大臣に就く前からすでに、彼にはフランスの大統領になる資質があると主張したのは、何を隠そうこの私ではなかったか？」

そしてさらにこうも豪語する。

「だがマクロンは、私にとっては四人目にすぎない。フランソワ・ミッテランは私の創造物ではないが、それでも一九七四年に私は彼の秘書官を務めた。セゴレーヌ・ロワイヤルは私の助手だったし、フランソワ・オランドも、マニュエル・ヴァルスもそうだ。これは面白いことだ」

そういうと彼は、ロチルド銀行からさほど遠くないメシーヌ通りにある彼の事務所の会議室の一つで、グリーンティーをすすりながら小さく引きつったような笑い声を上げた……。

アタリ委員会

確かにアタリのいうとおり、経済成長のための自由化に関するアタリ委員会がマクロンに数多くの「可能性のドア」を開けたのだ。正確にいえばマクロンは当委員会の報告者補佐にすぎなかったのだが（報告者はジョスリーヌ・ド・クロサード）、この委員会がマクロンのキャリアの加速装置となったことは誰もが認めるところだ（ある日、ジャーナリストがアタリの秘書に、アタリ委員会をマクロン委員会といい間違えたという逸話が残っている）。

アタリ委員会は、ニコラ・サルコジが大統領選勝利の余勢を買って二〇〇七年八月に創設したものだ。右派、左派双方の識者を集めた当委員会は、結果的には〈前進！《アン・マルシュ》〉へとつながる組織となった。つまり、当委員会は世の中を変えようという前向きな意志をもつ進歩主義者たちの集まりで、そこで挙がったいくつかの提案をヒントにのちにマクロンは大統領選の公約を作成することになる。

当時マクロンは、欧州問題担当閣外大臣としてフィヨン内閣に加わったジャン＝ピエール・ジュイエに代わって財政監査総局で働いていたが、それと並行してアタリ委員会においても、徹底した仕事ぶり、物事をまとめ上げる統率力、明るく人懐っこい性格といったさまざまな長所を活かしてどんどん人脈を広げていた。

同委員会を通じて知り合い、親しく付き合うようになった人として、サノフィ社のセルジュ・ヴァンヴェール会長や、彼の友人で有名なビジネス弁護士のジャン＝ミシェル・ダロワなどが挙げられる。また、フランス民主労働総連合《CFDT》元総書記のジャン・カスパールとも知り合った。さらに、二〇一七年一月二七日付レ・ゼコー紙週末版にのったエルザ・フレスネ、ナタリー・シルベール両記者の〈マクロン、最初の前進〉と銘打った記事で紹介されているように、クロード・ベベアール（保険・金融大手のアクサ）、原子力産業複合企業アレヴァのCEOだったアンヌ・ロベルジョン、ユーロネクスト・パリCEOのステファン・ブジュナとも面識を得、このブジュナがマクロンにクリスチャン・ダルニャを紹介し、ダルニャが大統領選でマクロンの資金集めを担当することになる。

ジャック・アタリは、「マクロンが私を介して知り合った人すべてがこの委員会のメンバーだった」と振り返る。その中にはネスレグループのピーター・ブラベック＝レッツマット会長もいた。彼のおかげでマクロンはその後、ロチルド銀行で働いていたときに、ベビーフード部門の大型買収案件を成立させることになる。だが、アタリはマクロンの手練手管を見抜いていた。その証拠に彼は、レ・ゼコー紙の取材に対してこう述べている。

「マクロンは相手の目をひたと見つめる。〝自分のこれまでの人生すべては、あなたといま交わしているこの会話のためにあったのです〟とでも訴えるように」

大統領になる素質

アタリは非難の言葉を口にしながらも、明らかにマクロンに魅了されていたようだ。だがその一方で言葉の端々に、だまされたとはいわないまでも、主役の座を奪われたような、家族写真の中で自分にフォーカスがあてられなかったかのような悔しさもにじませていた。

「エマニュエル・マクロンは素晴らしい役割を果たした。だが、それは技術的な役割、つまりさまざまなチームを管理するという役割に限定される。見事な調整力を発揮したのだ」

なるほど。では、マクロンが野心の牙をむくのを感じたことはなかったのか？

「まったくない」

アタリはそう答えると、ここでも同じ内容の主張を繰り返した。

「彼を委員会に引き入れたのはこの私だ。彼をフランソワ（・オランド）をはじめとするほかの面々に紹介したのはこの私だ。向こうが頼んだわけじゃない。私はしつこくフランソワに勧めた。彼を大臣に据えろ、と。フランソワは聞き入れなかったのだが……」

アタリはエマニュエル・マクロンに失望すると手厳しい言葉で彼を非難するが、その一方で彼に初めて会ったときの印象について何度も語り、手放しで賞賛する。

「柔軟かつきわめて有能で、明敏な頭脳と確かな判断力をもち、事を成そうとする意志があり、具体的に物事を進めることができた」

二人は二〇〇七年、マクロンが財政監査官だったときに出会い、友人になった。アタリは、自分がとくに重視していた失業者に対する職業訓練というテーマについてマクロンと何度も夜を徹して作業したことをおぼえている。

「これほど優秀で、物事を進めようと前向きで、しかも媚びへつらうことのない人物と働いた経験は数少ない」

アタリが非難している問題、つまりマクロンだけでなくほかの一部の政治家にも見られる自己愛（ナルシシズム）の問題について尋ねると、こんな答えが返ってきた。

「フランソワ・ミッテランのナルシシズムは限りない教養、実現すべき社会のビジョンや世界観の上に成り立っていた。それは彼のもつほかの要素と比べれば、ほんの瑣末なものだった。ナルシシズムの追求が中心となり付随的なものではなくなると、すなわちパリ・マッチ誌に写真がのるばかりでビジョンがないとなると、ナルシシズムは由々しき問題となる。私が待っているのはビジョンだ。マクロンには何度もそのことを伝えた」

マクロンが「自分は特別な使命を負っている、みずからの意志を超越した特別な運命のもとにある」と感じているように見える点についてはどう思うか尋ねると、アタリはここでも辛辣だった。

「特別な運命のもとにあるだって？　ああ、だが彼はそれを自明のことのように捉えている。自分は違う、自分は特別だと当然のように考える甘ったれの坊やのように。そんな考え方が昂《こう》じると、〝この世はすべて自分のものだ〟などといい出しかねない。すべて自分のものだから、何もしなくても手に入ると思い上がるようになる。繰り返しになるが、彼を見出したのはこの私だ。そして私は確かに、彼にすぐさま、きみには大統領になる素質があると告げた」

「それで彼は何と？」

「おぼえていないな。彼はいつも私に対して謙虚だったからね。丁重で、叱られているときでさえ礼儀正しかった。彼が私を悪くいったことなど一度もない」

パリの実力者、アラン・マンク

次に登場するのは、ジャン＝ピエール・ジュイエ、ジャック・アタリとともに〝システム〟を代表する〝聖なる三人組〟の最後の一人、アラン・マンクだ。マンクはジュイエやアタリとは異なり、実社会で繰り広げられる人間喜劇を笑うと同時に、そこに参加してきた人物だ。

彼はジョルジュ・サンク通りにある自分のオフィスにやってくるさまざまな年代の野心家、国立行政学院《エナルク》出身者、利己主義者、大企業経営者などと面談してきた経験をもつ。そんな彼はシステムの建設に参加し、その一部となり、さらにそれを体現した。一九九五年にシラク支持者が彼を〝単一思考〟の華々しい旗手の一人と認定して以来、一部の人は、「アラン・マンクといえばシステムそのものだ」と皮肉っぽく形容した。

おそらくそうなのだろう。だが、ベラルーシ生まれのユダヤ系移民の父をもつ「混血」の彼は――彼が自分の出自を否定したことは一度もない――何よりも〝共和国〟フランスの能力主義のもとで身を立てた人物だ。彼はうまく立ち回ることで出世を果たし、裏で糸を引くパリの実力者の一人にまで上り詰めた。深い教養とレーザー並みに鋭い分析力を誇るが、にもかかわらず、〝実業家としてはたいしたことがない〞と口さがない人々に茶化されている人物でもある。

マンクの性分

マンクはほんの数年前、自分の誕生日に大企業経営者、弁護士、エナルク、ビジネス界の新星など、パリで影響力をもつ人々を招き、力を誇示する軍事パレードのようなパーティーを開催した。だが、そんな彼の威光にも翳《かげ》りが見えている。

巷《ちまた》では、「大統領選でマンクが応援した候補は負ける」ともささやかれている。これは一九九五年の大統領選でジャック・シラクではなくエドゥアール・バラデュールを支持したときからいわれはじめたジョークだ。

マンクの目にシラクは合理性を欠いていた。確かにマンクの見立ては間違ってはいなかった。だが、バラデュールは敗北した。

その後二〇〇七年、応援していたニコラ・サルコジが勝利し、彼はようやく溜飲を下げた。だが今回の大統領選でも当初、一九九五年のバラデュールから二〇年の歳月を経てもう一人、彼の目に合理的と映ったアラン・ジュペ元首相にすべての望みを託すという判断ミスを犯した。

そのような事情から二〇一七年一月、マンクは少々戸惑い、悩んでいた。と同時に、大統領選を間近に控えてのこの前代未聞の状況を——誰もが予想もしなかった政界勢力図の激変を面白がってもいた。

支持してきたジュペが大統領選の舞台から退いたあと、彼はそのビー玉のような小さな丸い目をわずかにすがめ、エマニュエル・マクロンか右派のフランソワ・フィヨンかでいっとき迷った。そして決断を下し、目を輝かせてにやりと笑うと、かつてフランスの資本主義の濁った水をうまく泳ぎ進んで金儲けできるよう手助けしてやったフィヨン支持派をこき下ろした。

マンクはいつも評判になりたがる。そういう性分なのだ。つねに創成期に立ち会い、権力の控えの間、この国の厨房で何が準備されているか知りたがる。彼は周囲に吹聴した。

「マクロンだろ、もちろん知っているとも……」

だが当のマクロンはマンクのことを、「知的な人物で友人付き合いはしているが、政治的なつながりはない。彼が分別のある人かどうかよくわからない」と語り、距離を置きたがっているようにも見える。

三〇年後は大統領

二人が初めて会話を交わしたのは少し前だ。アラン・マンクがマクロンと会ったのは慣例に従っただけで、新人財政監査官によるOB訪問の一環としてだった。

これは昔からあるならわしで、一流の財政監査官になるためのいわば必修科目だ。若い作家が年長の作家に話を聴きに行くのと同じだ。

「若い監査官たちは、民間セクターについてはアンリ・ド・カストルに、国家機構についてはジャン＝ピエール・ジュイエに、そのほかの分野についてはこの私に話を聴きに来る」とマンクは説明する。というわけで、マクロンもこの必修科目をこなした。

マンクはほかにもたくさんの新人財政監査官と会って話をしたが、マクロンが彼を初めて訪れたときのことをいまもまだよくおぼえている。とくに、話のとっかかりになる恒例の質問をしたときのことを。

「三〇年後、何になるつもりだ？」

答えは即座に返ってきた。

「大統領になるつもりです」

「それがこの青年から聞いた最初の言葉だった。同じような答えを口にした若者がもう一人いた。マチュー・ピガスだ。彼にいってやったよ。〝そんな答えはねえ……〟と」

胸の内をすぐに明かしたマクロンの率直な態度と同じくらい印象的だったとマンクが語るのが、彼がほかの人とは違う何かを――つまり機転と人を惹きつける魅力をきわめて巧みに両立させていたことだ。

「それに……」とマンクは微笑んだ。

「年寄りの扱い方も。彼は年長者との付き合いに実に長けている。見事だよ。ジャン＝ミシェル・ダロワもきみに同じようなことをいったと思うが、マクロンはどうすればいいか、ちゃんと心得ている」

ヴァンヴェールやダロワと同様、マクロンにロチルド銀行に勤めるよう勧めたというアラン・マンクは、マクロンに一度、大口を叩かれたことをおぼえている。当時、マルセイユ選出の議員候補としてマクロンの名が挙がっていた。昼食の席でマンクが出馬をもちかけたところ、こう切り返されたという。

「議員になってから大統領を目指すのは時代錯誤ですよ。もうそういうのは通用しません。ありきたりなコースじゃないですか」

野心家のゴールとされる投資銀行に一時期勤めたことも含め、それまできわめてありきたりな、さらにいえば因襲的なコースを選んできた人にしては、ずいぶんとちぐはぐな回答にも思われる……。

ロチルド銀行

よく注意していないと見過ごしてしまうかもしれない。ロチルド銀行の本店はパリ八区、モンソー公園のほんの目と鼻の先、大統領府（エリゼ宮）からもさほど遠くない閑静で小さなメシーヌ通りにある。ロチルド……確かに番地は合っているが、看板は出ていない。

これから通される執務室は赤いビロードが多用された絨毯《じゅうたん》張りで、壁には先祖たちの肖像画が飾られているのだろうか？　何世紀にもわたり芸術をめでてきた裕福な耽美主義者たちの、成金とは一線を画すさりげない贅と富を目にすることになるのだろうか？〝ロチルド様式〟と呼ばれる室内装飾に出合えるのだろうか？

そんなことを考えながら銀行の建物内に入ると、細く延びる現代的なホールが広がっていた。ベージュで統一された殺風景でシンプルな空間だ。実はかの有名な〝ロチルド様式〟は、銀行の向かいにある邸宅のほうで育まれているらしい。「あそこは別世界だよ」と何人かは苦笑交じりに指摘する。銀行の内装をあえてシンプルにすることで、ライバルである他国のロチルド（ロスチャイルド）家との差別化を図っているのだろう。

ダヴィド・ド・ロチルドはパリでは特別な存在だ。ギー・ド・ロチルドと、彼の先妻アリックスのあいだに生まれたダヴィドは、社会党のフランソワ・ミッテラン大統領によって一九八一年に国有化されたロチルド家の銀行を投資銀行――ロチルド銀行――として再建したその手腕のみならず、世代を問わないすべての財界人に影響力を発揮する〝モラルの権威〟として尊敬を集めている。

ロチルド銀行は、つねに政治とビジネスのあいだをとりもってきたプライベートバンクだ。ロチルド家にとってはもっとも歴史の浅い銀行だが、そこに冠されている〝ロチルド〟の名は単なるブランドの域を超えてもはや伝説に属している。

と同時に、数々の陰謀論や都市伝説の対象にもなっている。なぜならそこは最大のライバルであるラザード銀行と同様、権力の中枢であり絶大な影響力を誇る場所だからだ。そのようなわけで、ロチルド銀行をめぐる噂は絶えない。いわく、ロチルド銀行は国にその優秀な臣下を貸し出しているとか、臣下たちに授けられたミッションが完了、あるいは選挙の敗北により中断すると、彼らを回収しているとか……。

ロチルド銀行と政治との緊密で複雑な関係を象徴する人物が、まずは首相となり、のちに大統領に就任したジョルジュ・ポンピドゥーだろう。

パリでもっとも優れた銀行

〈ロチルドの侍臣ポンピドゥー、首相官邸入りレースを制する〉——一九六二年、ル・カナール・アンシェネ紙はこんな皮肉っぽいタイトルを付けて、ポンピドゥーがド・ゴール大統領のもとで首相に任命されたことを伝えるニュースを報じた。

ポンピドゥーは一九五四年から五八年、次いで五九年から六二年までロチルド銀行の頭取を務めた経歴をもち、国家元首にまで上り詰めた人物として、現在に至るまで当行が誇る最高のスターであり続けている。

エマニュエル・マクロンが大統領府（エリゼ宮）の副事務総長、次いで経済大臣、そして二〇一七年の大統領選の候補者となったことはロチルド銀行にとってもちろん喜ばしいことだ。それは伝統が引き継がれていることの証である。歳月が流れ、大統領が代わっても、ロチルド銀行の威光は一九八一年の国有化による暗黒の一時期を除いていまなお健在なのだ。だが、これは不思議でも何でもない。というのも、当行のあるマネージング・パートナーがいみじくもいうように、「パリでもっとも優れた銀行にもっとも優れた人材が集まるのは当然」で、その優れた銀行が国に対して自分たちが抱える選りすぐりの人材を提供するのも当然のことだからだ。

　したがって、エマニュエル・マクロンは伝統を継承したことになる。彼は副事務総長として大統領府（エリゼ宮）に入ったとき、ロチルド銀行出身者であるフランソワ・ペロルが使っていた執務室をあてがわれた（ペロルは二〇〇四年にサルコジが経済大臣を務めていたときに官房長を務め、サルコジが大臣を辞任した同年にロチルド銀行に戻り、その後二〇〇七年に大統領府（エリゼ宮）に迎えられた）。

　ちなみに、もし二〇一二年にサルコジ大統領が再選されていたら、エリック・ヴェルトとヴァレリー・ペクレスの大臣官房を経験し、マクロンと同じ国立行政学院《ENA》のレオポール・セダール・サンゴール期生で、これまた同様に有能な財政監査官だったセバスチャン・プロトが大統領府（エリゼ宮）に迎え入れられていただろう。

マクロンが〝兄〟と呼ぶ「金融界の超大物」

パリ中を探してみても、ダヴィド・ド・ロチルドを〝ダヴィド〟とファーストネームで呼び、気安く話せる人はそういない。エレガントで魅力的な彼は、社交ディナーや慈善ガラパーティーを飛び回るタイプではない。父親のギーとは違い、大規模な舞踏会を催したりすることもない。時代は変わった。彼は時に「スノッブ」ともいわれる、ほかの人には真似のできない独特のアクセントで穏やかに話す。礼儀正しく、にこやかで感じがよく、〈CAC40〉を構成する優良企業の経営者、政治家、知識人などを彼の執務室兼サロンに招いてランチをともにしている。

ダヴィドは本当に魅力的だ。ブリジット・マクロンは何度も、「あの方はジェントルマンよ」といって彼を懐かしんだ。ロチルド銀行のパートナーの一人によればブリジットは、居心地のよいこの職場に夫が残ることを望んだらしい。

当のエマニュエル・マクロンはダヴィドを自分の〝兄〟と呼ぶ。またしても、という気がするが、その勇気は買わなければならない。というのも、オランドがル・ブルジェで開催された選挙集会で「敵」とみなした金融界を代表し、〝悪魔の帝王〟ともいわれている人物とのあいだにこれほど親密な関係があることをアピールするのは少々大胆すぎるからだ。

「兄だって？　彼がそういったのか？」とダヴィド・ド・ロチルドは驚いた様子で尋ねた。

「彼のことは本当に大好きだ。それに……彼はこの銀行で一時期働いたことをけっして否定せず、〝ここでの経験は自分にとって大変有益で、実業界を知る助けとなった〟と公言するだけの勇気があった」＊6

アラン・マンクは笑いながら、「ダヴィドはマクロンの魅力にノックアウトされた」と語ったが、どうやらその言葉は正しかったようだ。

ダヴィド・ド・ロチルドの執務室兼サロンはホールと同じようにモダンで、先祖たちの肖像画ではなく父の写真が飾られていた。ダヴィドは隣に設えられているミニキッチンでみずからコーヒーを淹れはじめた。これからはじまる質問タイムにそなえて頭を整理しているのか、父や弟エドゥアールと同じ、あの特徴的な半眼の表情を浮かべている。

彼はこれまでこの部屋で、年代もさまざまな野心家たち——野望をたぎらせた若者、パリでの立身出世を夢見て地方から出てきた人、政治家志望の人など、金融界の神殿のようなこの場所に足を踏み入れたことに舞い上がっている数多くの人々と面談してきた。

父の親しい友人だったジョルジュ・ポンピドゥーとも交流があったダヴィド・ド・ロチルドが、人物や状況を見極める確かな眼をそなえていることは間違いない。

銀行家という職業

ところで、エマニュエル・マクロンの少年期や青年期のさまざまなエピソードを踏まえると、作家か学者の道に進むのが自然なように思えるのに、彼はなぜ、民間でのキャリアの第一歩として投資銀行を選んだのだろうか？

マクロンはジャーナリストのマルティーヌ・オランジュに対して、「自分は幸運だった。私の歩んだ道は紆余曲折があり複雑で、ロチルド銀行以外の場所では理解されなかっただろう」と述べている*7。

しかしこの発言には大きな矛盾がある。というのも、マクロンはかつて自分が就いていた職業について語るとき、あるいはわざわざその職歴をアピールしようとするとき（たとえば二〇一七年二月二四日に大衆向けラジオ局〈ラジオ・モンテカルロ〉の番組で、「手に職があることを誇りに思う」と発言した）、銀行家のイメージを貶《おとし》めるような発言もしているからだ。たとえば自分のことを、「ウルトラ自由主義に染まった汚い銀行家」などと自嘲したり、ウォール・ストリート・ジャーナル紙に対しては、「投資銀行家は売春婦のようなものだ。人を惑わすのが仕事だから……」と述べたりした（そのため何と売春婦の団体から抗議を受ける羽目になった）。

すでに見てきたように、人を魅了し惑わすことはマクロンが得意とするスポーツだ。彼にかかれば、誰でも――椅子でさえも――イチコロだといわれている。数年前に自身に莫大な富をもたらすことになった銀行家という職業を、彼はこんなふうに説明している。

「投資銀行家の仕事はそれほど知的なものではない。そこで働く人を真似すれば、仕事はこなせるようになる」*8

〝器用な人〟

マクロンがロチルド銀行に採用された経緯はすでに何度も語られている。ダヴィド・ド・ロチルド本人に確認したところ、彼もマクロンがセルジュ・ヴァンヴェール、ジャン＝ミシェル・ダロワ（彼の妻はダヴィドの姪で写真家のベッティナ・ランス）、ジャック・アタリ（彼は長年、統一ユダヤ社会基金の役員を務めた）などロチルド銀行の「親しい友人たち」から推薦されたことを認めた。みな、アタリ委員会でのマクロンの働きぶりに舌を巻いた人々で、ダヴィドにこうもちかけたという。

「投資銀行で働くことを考えている非常に優秀な若者がいるんだが、会ってみる気はあるか？」

ダヴィド・ド・ロチルドはマクロンに初めて会ったときのことをこう語る。

「頭が切れて魅力的だとすぐに思った。だから彼に、うちのスタッフやパートナーにぜひ会ってくれと頼んだのだ。かなりの数の人が面接した結果、彼を採用することで意見が一致した。異を唱える人はいなかった。それで彼はうちで働くことになった。短期間にとんとん拍子に事が運び、歓迎ムードだったよ」

フランソワ・アンロとグレゴワール・シェルトクも同様の証言をしている。シェルトクはマクロンの採用に反対したともいわれているが、実際は違うようだ。

「その後彼に会ったとき」とダヴィド・ド・ロチルドは続けた。

「近い将来、きみを当銀行のパートナーにする予定だと伝えた」

気の早い話だが、ダヴィドによればグレゴワール・シェルトクやセバスチャン・プロトもずいぶん若いうちにパートナーに抜擢されたらしい。

マクロンがロチルド銀行に入ったとき、彼は銀行家の技術的な知識をもち合わせていなかった。だが、ダヴィドはいう。

「われわれの仕事にはテクニカルな面での確かな基礎と、取引を何としてでも成功させようとする強い意志や集中力が必要だが、中には個人の才能、魅力、世渡りのうまさ、そしてこれまで学んできたことを活かし、テクニックをマスターしないうちに仕事のコツを習得してしまう器用な人がいる」

明らかにマクロンはこの〝器用な人〟の部類に入っていたようだ。

彼はすべての人の心をつかむ例の力を発揮し、足を引っ張ろうとするちょっとした画策や妬《ねた》みは当然あったものの、自信あふれる溌剌《はつらつ》とした雰囲気で多様な年代の多くの人を惹きつけることに成功した。

誰に対しても感じがよく、先述したように秘書たちにも「ボンジュール」と声をかけて調子を尋ね、抱擁し、彼が大臣に就任したときはダヴィドの忠実な秘書を務めてきたシモーヌを経済省で開かれた夕食会に招待するほどの気遣いを見せた。

相談役の仕事

ここで疑問が浮かぶ。経済大臣時代に若者たちに対して「億万長者になりなさい」と励ましたエマニュエル・マクロンは、億万長者と付き合い、官職に就いていた頃よりもずっと稼げる金融界に転身したことに有頂天になっていたのだろうか？

答えは明らかに〝ノン〟だろう。というか、ともかく、政治家のキャリアよりも銀行家のキャリアを選ぶほどではなかった。

マクロンといまも友人関係が続いていると語るダヴィドは——マクロンは彼に電話をかけるたび、ダヴィドの飼い犬の〝ババ〟が元気かと尋ねるらしい——、銀行家になったことを心底喜んでいたのなら、ロチルド銀行のパートナーとして残り、金融界の手本とされるラザード銀行のアンドレ・メイヤーのようなキャリアを追求することもできただろうと指摘する。しかし明らかに、「お金を稼ぐことは彼の人生の原動力とはならなかった」。ダヴィド・ド・ロチルドは、「マクロンはどんなときにも貴族ぶった尊大な態度をとったり、一部の人間のように、ロチルド家のメンバー以上にロチルドを気取るような愚かな真似をしたりすることは一度もなかった」と断言する。そして、「そもそもうちの銀行にそんな企業風土はないがね」と笑いながら付け足した。

ダヴィドはロチルド銀行で働くことを希望する人に対して、いつもこういい聞かせている。「奉仕者としてではなく権力者として仕事がしたいなら、きみは志望先を間違えた。まあ、ひと口に奉仕者といってもいろいろだがね……。〝相談役〟となる投資銀行家は、秘密の保持が求められる職業で、多岐にわたる分野のたくさんの人の考えを知ることになる。そんなポジションにいる相談役の隠れた影響力を面白いと感じることができないなら、相談役の仕事が大企業のトップの仕事よりずっとスリリングだということが理解できないなら、うちには来ないほうがいいぞ！」

〝巨額の取引〟

ダヴィド・ド・ロチルドによれば、エマニュエル・マクロンは熱心に働き、学び、若い同僚の仕事ぶりを観察し、多くの案件にかかわったが、入行してしばらくはナンバーワンだったわけではないらしい。

「彼の稼ぎは、うちの一〇年選手には遠くおよばなかった。彼が巨額の取引をまとめたのは、彼が当行を去る二〇一二年のことだ」

〝巨額の取引〟とは、ネスレ社がファイザー社の離乳食部門を、競合相手のダノン社を退けて一一九億ドルで買収することに成功した案件だ。

マクロンは、「熱烈なエマニュエル・ファン」であるネスレ社のブラベック＝レッツマット会長とのあいだに築いた関係を活かして、二〇一二年四月半ばにこの契約を成立させた。それと並行して彼は同じ時期、大統領選を戦っていたフランソワ・オランドの側近たちに膨大な数のサマリーノートを提出し、オランドの経済政策を熱心に検討していた。

そのことはもちろんダヴィド・ド・ロチルドも知っており、オランドが当選すれば彼がこのきわめて有能な協力者を自分の手元に置きたがるだろうとすぐに考えた。

「過去にフランソワ・ペロルが大統領府（エリゼ宮）に引き抜かれた経験があるので、これについて異論はなかった。スタッフの誰かが大統領選候補者と親しく付き合っていたら、その候補者が当選した場合、その人は当行を去ることになる。エマニュエルとフランソワ・オランドの関係を見れば、彼が退職して大統領府（エリゼ宮）に入ることは私にとって織り込みずみだった」

奉仕者の仕事がどれほど実入りのよいものでも、マクロン青年は明らかに物足りなく感じていたようだ。

第九章
社交界とセレブたちとの交流

“政治家のセレブ化”

「なぜパリ・マッチ誌に出たか、ですって？　難しい話じゃありません。顔を売るのに時間がなかったからです」

大衆向け週刊誌パリ・マッチに初めてマクロン夫妻を特集した記事が掲載された直後にダヴィド・ド・ロチルドがエマニュエル・マクロンに会ったとき、マクロンはテレビ番組でこの件について尋ねられたときと同様、このような堂々と開き直った受け答えをしたという。

確かにマクロンは大臣になる前からすでに、蛾《が》が灯《あか》りに引き寄せられるようにメディアに近づこうとする傾向があった。大統領府（エリゼ宮）の副事務総長に任命されたときは、〈CAC40〉を構成する大手企業やグザヴィエ・ニエルが次々に紹介してくるデジタル業界の個性豊かな経営者たちとともに、数多くのインタビューに答え、背広を脱いだワイシャツ姿で床に胡坐《あぐら》をかく格好で快く写真撮影に応じている。その姿はクールで新鮮だった。

当時リベラシオン紙に「大統領府（エリゼ宮）の赤ちゃん」と綽名《あだな》されたマクロンは「グレゴワール・ビソー記者の〈マクロンの登場で大統領府（エリゼ宮）は赤ちゃんを手に入れた〉と題された記事の中でのこと」、一躍、時の人となった。

世間の注目が彼に集まった理由は、フランソワ・オランドが勝利した二〇一二年の大統領選挙の直後はまだ「プチ・マクロン（マクロン坊や）」などと呼ばれていた青年が、ユーロ危機などいくつかの重大案件を含む経済分野を担当することになったからだけでなく、若くて頭がよく、おまけに写真映えしたからだ。さらに、彼が稼ぎのよい銀行家の職をなげうって大統領府（エリゼ宮）入りしたのは、政策参事官という日のあたらないポジションに甘んじるためだけではないだろうと、多くの人が感じとったからでもある（マクロンがさまざまな記事で繰り返し語ったところによると、報酬はロチルド銀行で働いていた頃の一〇分の一に激減したらしい）。

投資銀行に勤めた四年のあいだに「大物たち」と付き合い、彼らとすでに堂々と渡り合えるようになっていたマクロンは、大統領府（エリゼ宮）の副事務総長としてどんどん人脈を広げていった。だが当座は〝権威ある〟メディアに一人で、つまり妻抜きで登場していたにすぎず、その頃はまだ大衆誌の常連ではなかった。とはいえ、世のステレオタイプからはみ出す常識破りのマクロン夫妻に対して、徐々に世間の興味が向けられはじめた。そのためマクロンはジャーナリストたちに再三、「妻の年齢は強調しないでくれ」と要請することになった。「それが記事のテーマではないのだから」と。

そうして彼はしばらくのあいだは大衆誌の餌食になることを免れたが、とくに経済大臣として入閣したあとはすぐにそうした事態に直面した。しかし、すでにニコラ・サルコジという前例があった。

マクロンと同じように経済大臣を経験したサルコジは彼に先立つこと数年前、大衆誌を利用してせっせと顔を売ることに努めた。そしてそれによって〝政治家のセレブ化〟が始まり、いまやゴシップ欄を賑《にぎ》わせることが政治家としての存在感を示す重要なツールとなっている。

エマニュエル・マクロンは、すぐに自分とブリジットの夫婦は知名度アップの切り札になることに気がついた。自分たちカップルは、かつてのセシリアとニコラのサルコジ夫妻のようにおしどり夫婦として世間に〝売れる〟だろう。夫婦そろって外出して仲のよさを強調し、ニュースやSNSでとり上げられるような刺激的な発言をすれば、人々の好奇心をかき立て、知名度と人気度が急上昇するだろう、と踏んだのだ。

フランソワ＝グザヴィエ・ブルモー著『Macron, l'invité surprise（サプライズゲストのマクロン）』[*1]の中で、イフォップ社の世論調査部長、ジェローム・フルケはこう述べている。

「二〇一四年一〇月から一五年二月までのほんの数カ月間で、マクロンを知らないフランス人の割合は四七パーセントから一八パーセントに減少した。数カ月間で三〇パーセントも知名度を上げたのは異例のことだ」

ストーリーテリングの素材

エマニュエル・マクロンの名が驚くほど短期間にフランス人のあいだに知れ渡るようになっ

た要因としてもう一つ考えられるのが、彼が大臣としての自分の業績や、彼自身が認めた過ちや失言（「ガド社の女性従業員は文字が読めない」と発言したことや、彼が高級スーツを着ていることを非難した労働者に対して、「スーツを買えるようになるための一番の手段は働くことだ」と答えたことなど）を、ストーリーテリングの素材として巧みに利用したことだ。

つまり、自分の実績や失敗を訴求力の強いストーリーテリングに落とし込み、キャリアにおいても私生活においても勤労と確固とした意志を通じてつねに常識に挑戦し、旧習を打破しようとしてきた人物像をつくり上げたのだ。

旧習が実際に打破されるかどうかはさておき、情報発信についてはは間違いなくマクロンは、先輩政治家たちの手法にならっている。だが、新しい政治を実現しようとして改革者を自任している人物がパリ・マッチ誌の表紙に夫婦で登場し、ジャーナリストのカロリーヌ・ピゴズィ相手に妻があれこれしゃべったことで世間の嘲笑を招く結果となった。

世間受けがあまりにも悪かったので、マクロンは軌道修正を図り、「夫婦仲がさほどよくないと思われても仕方ない、夫婦そろっての露出は控えなければ」と考えるようにさえなった。当時、彼はこう語っている。

「妻や家族は私にとって一番大切な存在だ。家族をメディアに出すのは賢い戦略ではない。妻を表に出したのはおそらく失敗だった。全面的にそう認める。もうこんなことはしない」

だがその五カ月後……彼はブリジットとともにふたたび大衆誌の表紙を飾ることになる。

メディア戦略

それにしても、もっと新しい情報伝達手段を使う選択肢はなかったのだろうか。パリ・マッチ誌の記事自体は興味深い内容で、マクロンは妻ブリジットに関するかなりの数の質問に答えている。にもかかわらず、これは情報伝達手段としては「完全に時代遅れで、使い古された」ものだ。ほかの世代、ほかの時代の——つまりマクロンより上の世代の、テレビ時代の申し子である旧来の政治家たちが使う手であり、インターネット時代のものではない。ということは、新しさを売りにしているマクロンは、その実、新しさを装っているだけなのか？

この点に関するマクロンの時代錯誤ぶりは、オランド大統領の広報アドバイザーを務めるガスパール・ガンツェールにとって意外でも何でもないようだ。彼は、政治の新世代を体現するマクロンがこの世代の人としては珍しく、インターネットをあまり利用しておらず、経済大臣に就任するまでツイッターやフェイスブックのアカウントすらもっていなかったことを笑いながら明かしてくれた*2。

とにかく、もう夫婦でメディアには出ないと誓ったにもかかわらず、マクロン夫妻はカメラ業界でいうところの「やらせのパパラッチ撮影」に応じ、五カ月後、ふたたびパリ・マッチ誌の表紙を飾った。ビアリッツでバカンスを楽しんでいたところを「盗み撮りされた」という設定のもとに、今度は水着姿で。実際のところマクロンは、大統領選に出馬するのであれば、あれこれ子細に身体検査されることは免れられないと、当然ながら自覚していた。

一方、ブリジットも腹をくくった。日のあたる場所に突然飛び出したことについて彼女は、パリ・マッチ誌への最初の登場をナポレオンが敗北を喫した〈ワーテルローの戦い〉になぞらえて大失敗だったと認めつつ、こう語っている。

「夫婦そろってメディアに出ることが必要だったんです。フランス人は候補者だけではなく、候補者のパートナーも含めたカップルに投票しますからね。地方に行くと人々は私に会いたがります。私たち夫婦に好感をもち、〝マクロンはちゃんと結婚していて、奥さんを裏切らない〟と私に声をかけてくれます」*3

メディアを通じた大衆向けのPRを強化するため、マクロン夫妻はいまや〝ミミ・マルシャン〟なる女性の協力を得ており、それについてはブリジットも認めている。

「向こうから会いたいといってきたんです。率直な人で、夫婦としての私たちのイメージ戦略を担当しています」

さらに女性カメラマンのソアジグ・ド・ラ・モワソニエールがメディアやSNSに提供する写真を撮影している。これは必要があればマクロン夫妻が細かい点までけっして手を抜かないことの――マクロン自身はそんなことはないと否定しているが――証といえるだろう。

セレブ雑誌界の〝陰の女帝〟

というのも、ジャーナリズム関係者のすべてから〝ミミ・マルシャン〟と呼ばれているミシェル・マルシャンは、並みの人物ではないからだ。彼女はインターネットサイト〈ピュアピープル〉の共同創設者で、セレブを対象としたフォトエージェンシー大手〈ベスティマージュ〉を率いている。〈ベスティマージュ〉は〈ピュアピープル〉のサイトにも記されているように、「フランスおよび全世界の美しきセレブたちの〝いま〟を日々ウォッチして報じる」会社だ。

彼女はセレブ雑誌界の〝陰の女帝〟のような超大物で、パリの政界、経済界、ショービジネス界を代表する人物の連絡先がずらりと並んだ分厚いアドレス帳をもっているといわれている。また、ゴシップや芸能情報を扱うクローザー誌に掲載され、〈ガイエゲート〉［クローザー誌に二〇一四年一月、ヘルメットをかぶったオランド大統領がオートバイに乗り、女優で映画プロデューサーのジュリー・ガイエ宅に向かう写真が掲載され、不倫が発覚。スキャンダルに発展し、オランドの事実婚のパートナー、トリルベレールとの関係が解消された］の発端となった例のスクープ写真撮影の黒幕とも噂されていた。

会社のサービスとしてミミ・マルシャンはクライアントに、雑誌やインターネット上に「きれいな写真」を掲載することを請け合っている。つまり、彼女の友人である大手企業経営者の言葉を借りれば、「ミミは巷《ちまた》に出回っている写真を選別する。都合の悪い写真や迷惑な写真があれば鮮やかな手並みで問題を解決し、必要と判断すればやらせの盗撮を行ったりもする」。

セレブ向けサービスを手掛けるスペシャリスト

つまり、ル・モンド紙が二〇一四年二月二一日の記事で「パパラッチ界のマタ・ハリ」と呼び、「エキスパート中のエキスパートで、見事な手腕を誇り、パリからハリウッドまでセレブたちの私生活に精通し、メディア界のもっとも強力な情報源」と紹介しているこの影響力のある女性がマクロン夫妻の写真を管理しているのだ。

となれば、同夫妻のメディア慣れしていないような初々しい態度を真に受けるわけにはいかないだろう。

マクロンがＰＲ活動のすべてとはいわないまでも、自分のイメージ戦略を、セレブ向けサービスを手掛けるスペシャリストに委託したという選択は意味深い。それはここ数年来、政治家のセレブ化が目覚ましく進んだことによるものだ。政治家はメディアで〝売れる〟ニッチな素材となっているのだ＊4。

と同時に、そうした選択をした理由としてもう一つ、「ポール・リクールの弟子で欲求不満の哲学者」を自任するこの政治家が意外にも社交好きで、セレブの集まりに喜んで顔を出していることが挙げられる。

マクロンはエリート校で優秀な成績を収めたことで経済・金融界のエスタブリッシュメントの仲間入りを果たすことができたように、今度はショービジネス界やセレブの──正真正銘のセレブの世界に足を踏み入れることに成功した。そしてここでもまた代父《パラン》の力を借りた。ただし、これまでの代父たちに比べるとまだ若い。その代父とはパスカル・ウズロだ。

スターの卵を見つけ出す才能

パスカル・ウズロといえば多方面で活躍している大変な大物だ。起業家であり、かつメディア界のキーパーソンで、テレビ局〈TF1〉で長年にわたりエティエンヌ・ムジョット［ジャーナリスト。TF1の副社長やル・フィガロ紙の編集長などを歴任］の右腕を務めた経歴をもつ。そして彼もまた、野心家ならば喉から手が出るほど欲しがるであろう分厚いアドレス帳のもち主だ。テレビ局〈ピンクTV〉、次いで〈ヌメロ23〉を設立し、〈みんなのための結婚法〉を成立させるために闘い、エイズ撲滅運動に携わり、レクスプレス誌に掲載されたルノー・ルヴェル記者の〈フランスTV・ラジオ界の海賊〉と題された記事の中では、「ビジネス界のピーターパン、世渡りとロビー活動の王」とも紹介された。

ウズロは寛容で友情に篤い人物だが、もう一つ、誰の目にも明らかな強みをもっている。スターの卵をいち早く見つけ出すレーダーのような才能をそなえていることだ。分野は問わない。

アート界、財界、政界など、あらゆる分野からスター候補を見つけ出す。彼はそうして発掘してきた人たちとよく友人になり、セーヌ河岸をのぞむ彼のアパルトマンで開催される夕食会に定期的に招いている。そこには古くからの友人、つまり彼がまだ政界にいたときや純粋なロビー活動をしていた頃に知り合った人が訪れる。例を挙げれば、テレビ番組プロデューサーのアンヌ・マルカシュス、ヴァレリー・ベルニ〔電力・ガス事業を手掛けるエンジー社の幹部〕とその夫フランク・ジャンタン〔法律家。パリ商事裁判所長官を務めた〕、クレール・シャザル〔ジャーナリスト、テレビキャスター〕などだ。さらにそこに、ラザード銀行のマチュー・ピガス、グザヴィエ・ニエル、デルフィーヌ・アルノー、歌手のリーヌ・ルノー、ピエール・ベルジェなども徐々に加わるようになった。

そしてグザヴィエ・ニエルによると、ル・モンド紙を二〇一〇年六月にベルジェ、ニエル、ピガスの三人が買収したほんの三カ月後に、ウズロみずからが「頭角を現しているあの若い銀行家」、つまり当時ロチルド銀行で働いていたエマニュエル・マクロンに会いたいといい出したらしい(マクロンはル・モンド紙の買収競争の敵対陣営にいた)。そこで彼らはマクロンを交えて、毎日昼どきになるとテレビ、ラジオ界や財界のスターたちで賑《にぎ》わうバヤール通りの日本食レストラン〈花輪《はなわ》〉で昼食をとった。

その後、マクロンが大統領府(エリゼ宮)の副事務総長、次いで経済大臣に抜擢されたあとも付き合いは続き、初めの頃は昼食を(ウズロの自宅と、パリ一五区にあるフランソワ・オランドとヴァレリー・トリルベレールの自宅でそれぞれ一回ずつランチをとった）、のちに夕食をともにした。たいていは四人で集まったが、マクロンの妻ブリジットとニエルのパートナーであるデルフィーヌ・アルノーが加わることもあった。デルフィーヌもビジネス界の大物で、ルイ・ヴィトンの副社長を務めている。おそらくそのためだろう、モデルのようにスタイル抜群のブリジット・マクロンが、このところ、これみよがしにヴィトンで〝トータルコーディネート〟するようになっていることは先に述べたとおりだ。

スタートアップ界の起業家

経済大臣になったマクロンにニエルは、マクロンにはこれまであまりなじみのなかったデジタル業界の経営者やスタートアップの起業家を大勢紹介した。

そんな中、マクロンはある日、ニエルの自宅で、〈スナップチャット〉〔スマートフォン向け写真共有アプリ〕の開発者で億万長者の若き起業家、エヴァン・シュピーゲルと知り合った。その日マクロンは、ニエルの自宅を出たところで大勢のパパラッチに出くわした。マクロンはそのときのことを、「パパラッチの数がいつになく多いと思ったが、すぐに彼らのお目当ては私ではなくミランダ・カーだと気がついた」と語る。オーストラリア出身のトップモデル、ミランダ・カーは当時シュピーゲルの婚約者だった。

マクロンは華やかな社交生活を送り、メディアに追いかけられるようになったことを後悔しているのだろうか？　いや、彼はどう見てもスポットライトを浴びることも、ショービジネス界の大物たちと付き合うことも嫌がってはいない。そんな彼について、ジャック・アタリは皮肉っぽくこう口にした。

「彼が会食に招くのは、ノーベル賞受賞者だけでもないようだな！」

リーヌ・ルノーの誕生パーティー

もともとその種のことが好きなのか、あるいは戦略なのか、はたまたおそらくエマニュエルとブリジットのカップルが長年〝普通じゃない〟という理由で社会から締め出されたような状態にあった反動からなのか、二人は雑誌のセレブ欄に積極的に登場するようになっていく。演劇の初演に招待されればその様子が報じられ、歌手のリーヌ・ルノーの誕生パーティーで撮られた写真が雑誌に掲載されもした。

マクロンを「若いときのシラクのようだ」と評し、ブリジットが、「私たちとても仲がいいんです。二年前にひと目惚れしました。彼女は生涯現役でいつだって完璧です」*5と語るリーヌ・ルノーが誕生日のケーキのロウソクを吹き消そうとしているその写真には、マクロン夫妻とともに歌手のジョニー・アリディとその妻レティシア、女優のミュリエル・ロバンやヴァネッサ・パラディ、ステファン・ベルンなどが映っている。

エマニュエルとブリジットは有頂天になっているのだろうか？　パリの社交界の華やかな集まりに参加してすっかり舞い上がっているのか？

ともかく、ジャック・シラクとニコラ・サルコジ同様、エマニュエル・マクロンもフランスで人気のある有名人たちと写真に収まることに抵抗感はないようだ。

そうした行為自体に真新しさはないが、もしそれが戦略だとしたら採算はとれたことになる。というのも、この誕生パーティーから数カ月後、シラクの親友リーヌ・ルノーが大統領選でマクロンを支持すると宣言したからだ。

ニコラ・サルコジはショービジネス界の夕食会やパーティーに足しげく通ったことで世間の顰蹙《ひんしゅく》を買ったが、マクロンも経済大臣に就任してからはその種の集まりに夫婦で参加する機会が増えた。

そうして親しくなった人の中には俳優のファブリス・ルキーニがおり、マクロンが『Révolution(革命)』を書き上げる際にはレ島にある自分の別荘を貸したほどだ。ルキーニと親しくなった経緯をブリジットはこう説明する。

「私はエマニュエルを誘って映画に行き、ルキーニと三人で『ボヴァリー夫人とパン屋』を観ました。上映後、映画館を出るときルキーニは私に、〝エマニュエルのことをもっとよく知りたいんだが〟といいました。その数日後、『ボヴァリー夫人とパン屋』のプロデューサー、マチュー・タロが経済省に〝ルキーニがエマニュエルに会いたがっている〟と電話をかけてきて、そのあとルキーニが夕食をとるため経済省にやってきました。彼は執務室に入るなりジャンパーを脱ぎ捨て、〝私たち、気が合うと思いますよ！〟というと、フランソワ・フュレ［一九二七～九七。フランス革命を専門とする歴史家］やランボーについてエマニュエルと話しはじめました。古くからの友人のように」*6

パリの名士たちが顔を合わせる集まり

マクロン夫妻はエマニュエルが経済大臣を務めているとき多くの人を庁舎に招くかたわら、市中でも俳優や映画関係者たちと夕食をとった。たとえば、ギヨーム・ガリエンヌ、エリック・ルフ、ダニエル・トンプソン、アルベール・コスキ、フランソワ・クリュゼとその妻、そしてエマニュエル・マクロンが「一番の仲良しで、大ファンだ」*7というコメディ・フランセーズ正座員のベルギー人俳優、クリスチャン・エックなどとだ。ジャン＝ピエール・ジュイエといった政治家やマルク・ラドレ・ド・ラシャリエールなど経営者なども夕食会に加わることがある。

集まったメンバーは気安く話をし、マクロンと親しくなった作家のフィリップ・ベッソンも含め、大勢で連れ立ってニュースキャスターのクレール・シャザルの自宅で開催される夕食会に参加したりもしている。つまり、パリの名士たちが顔を合わせる集まりをみんなで存分に謳歌しているのだ。

ここでもまた、新しい政治の実現を訴えるあのマクロンが、前任者であるジャック・シラクやニコラ・サルコジのやり方を踏襲しているように見える。

マクロンは人と知り合ってコネをつくり、そのコネを使って別の誰かと面識を得、会食に招待し、せっせと人々を魅了する。テレビ司会者のステファン・ベルンとは、元老院（上院）の近くの道を車で走っていたベルンにあやうく轢《ひ》かれそうになったことがきっかけで知り合った。

「道を歩くとき、ぼんやりしてちゃダメですよ、大臣殿！」

「あっ、ステファン・ベルンさんじゃないですか。妻があなたのファンなんです。電話番号を教えてください！」

ブリジットが格好の口実になったわけだが、夫妻に近い人の話では、実際にブリジットのほうがセレブとの交流を望んでいるらしい。

「彼はセレブと付き合えば妻を喜ばせることができると思っている。それに、彼にとっても息抜きになるようだ」

感情を偽らない人

当然、セレブと交流する姿を世間に見せることでマクロンは、〝ロチルドの銀行家〟というイメージを払拭し、従来とは異なる層にアピールすることが可能になった。

マクロンの有名人と付き合おうとする傾向は以前から見られるようで、マルク・アンディウェルド著『L'Ambigu Monsieur Macron（曖昧なムッシュー・マクロン）』では、オワーズ県庁で研修を受けていたときに同県在住の著名なアコーディオニスト、アンドレ・ヴェルシュランと交流したエピソードが紹介されている。

ブリジットによるとマクロンは執務中、グレン・グールドが演奏するバッハの『ゴルドベルグ変奏曲』をよく聴いているが、同時にシンガーソングライター、ジョー・ダッサンのファンであり、ジョニー・アリディやアズナヴールの歌もよく口ずさむらしい。

「夫はアズナヴールの〝わたしは男なの、彼らがいうように〟〔同性愛者をテーマにしたアズナヴール作詞・作曲「『Comme ils disent（彼らがいうように）』より」というフレーズをよく歌っています。実際のところ、最近の曲はあまり知らないんです。ジャック・ブレルで止まってしまったんでしょうね」＊8

ステファン・ベルンは明らかにマクロンに夢中で、マクロン夫妻を「芸術が好きで、映画館に通い、本を読み、演劇を観に行く人たち」と評する。夫妻は経済省の庁舎でよく夕食会を催したが、そのときの様子をベルンは「とても自然で、とても温かな雰囲気だった」と語り、マクロンを「感情を偽らない人」と分析する。

何はともあれ、フランスで人気の高いテレビ司会者ステファン・ベルンは二〇一六年六月、彼が買いとり、博物館を併設した彼の私邸として修復させた旧ティロン＝ガルデ王立学校の開館式に足を運んでくれたマクロンに感謝している。

〈ジャンヌ・ダルク祭り〉の総合ディレクター

マクロンとベルンはともに、王政がフランスに永遠に刻んだ痕跡をそれぞれの流儀で理解している。

マクロンのほうは各界の王と友人になり、王たちのそばでまるでバラの蕾が開花するように頭角を現し、知名度をアップした。王政支持者のベルンのほうは、フランス革命以降、フランスの政治史に王がいなかったことの悪影響を事あるごとに指摘した。彼らにとっては、〝人に好かれたい〟という強力な思いが行動の原動力となっており、二人ともオルレアンで開催される〈ジャンヌ・ダルク祭り〉の総合ディレクターを務めた経験をもつ。

二〇一四年に同祭の総合ディレクターを務めたベルンはマクロンに、「人生でもっともわくわくする経験になるぞ。何しろ五キロにもわたって五〇万人がきみをひと目見るため、きみに話しかけるためやってくるんだからな。きみに撫でてほしくて子どもを差し出す人もいる。本当にすごいぞ」といい、総合ディレクターを経験するよう勧めた。

その甲斐あってか、マクロンは二〇一六年に同祭の総合ディレクターを引き受け、祭りを存分に味わった。そして自分の人生とジャンヌ・ダルクの人生を重ね合わせたスピーチの中で、「システムを打ち破り」、「国を一つにまとめ上げた」として彼女を賛美した。ショービジネスなどなかった時代の英雄《ヒロイン》、ジャンヌ・ダルクを。

第十章

政界の未確認飛行物体（UFO）

すべてはお祖母さんのため

「つまり、すべてはお祖母《ばあ》さんのためということですか？」

私たちは一〇分ほど前からエマニュエル・マクロンの車の後部座席に座っていた。マクロンはマイエンヌ県の農場をじっくり視察したあと車に戻ってきたところだった。彼は農場にはそぐわないタウンシューズとズボンの裾についた泥をウェットティッシュで拭きとると、私の質問に一瞬驚いた表情を浮かべ、窓の外に視線をさまよわせてつぶやいた。

「ええ、たぶん……、ええ、たぶん、すべて」

マクロンは自分が大統領を目指したのは祖母のため——選挙集会で何度も言及し、彼が大統領府（エリゼ宮）で働き出した直後に亡くなったあの祖母マネットのためだと認めた。

「祖母が生きていたら、彼女がいまのこの時期をどう過ごしていたかわからない。おそらく不安でいっぱいだっただろう」

だが、自分が特別な運命を背負っているという確信を彼に抱かせたのは、そもそもこの祖母ではなかったか？　そう尋ねると彼は、甲高くなりがちないつもの声音ではなく、しんみりとした穏やかな口調で答えた。

「特別な運命を背負っているなどと祖母にいわれたことはない。だがおそらく祖母が、そんな運命をもてるように私を強くしてくれたのだ。彼女はとても厳しい人で、私を無条件に愛してくれた。これは人生でなかなかあることではない」

心が揺さぶられたのか、彼はかろうじて聞きとれるぐらいの小さな声で続けた。

「そんなふうに愛されたことで自由になれた。本当に驚くぐらい幸運だった。祖母のおかげで大きな自信と信じられないほど大きな自由を手にすることができた。だがその半面、義務も課せられた。自由を得た代わりに（彼は咳払いをした）、何事にも真面目にとり組まなければならないという考えが身に染みついた。祖母自身がそういう人だったから。だが、たぶん……。祖母がそばにいなくなってしまったいまこのときに、私は大統領選という戦いに身を投じた。祖母が生きていたら、私のことをどうかしてると思っただろう」

彼はほとんど子どもが声を詰まらせるようにしていい添えた。

「だが、たぶん、祖母は好きなようにやらせてくれただろう」

口調も内容も感動的な告白だった。彼は自分が政治を志したことに祖母が大きな影響を与えたと認めているが、政治家になることについて祖母と話したことはないという。だが、自分が政治家になるか、政治家にならないまでも何か社会的な活動をすることになると祖母にはわかっていたと確信している。

「祖母はつねにそんなふうに考えていたはずだ」

いまや子どものような声でそういいつつも、彼はあくまで主張した。

「いま歩んでいるような人生を、未来の青写真として祖母に示したことはない。そもそも私は、この方向に進むために自分の人生を築いてきたわけではない」

オランドとの深い亀裂

いずれにせよ、マクロンが大統領府（エリゼ宮）の副事務総長を務めていた二〇一三年にこの祖母マネットが亡くなり、その頃からフランソワ・オランドとのあいだに深い亀裂が生じたことだけは確かだ。当時エマニュエル・マクロンは悲しみのどん底にいた。

その悲しみはブリジットが夫に近しい人たちに電話をかけて、「お願い、ちょっと来てちょうだい」と頼むほどだった。そうしてやってきた友人の一人にマクロンは感情を高ぶらせ、「オランドとはもう終わりだ」と口にし、自分にとって非常に大切な人の死を伝えたときのオランド大統領の反応を語った。それによるとそのときオランドは、「お祖母さんを亡くすのはつらいことだ。私も自分の祖母を亡くしてつらかった」といった陳腐な言葉をかけたという。マクロンはそのときオランドが鈍重な人間だと理解した。友人は、「あの瞬間、マクロンは自分とオランドは対等だと考えるようになった」と説明する。

つまり、オランドにもう恩義を感じなくなったのだ。そのことは数カ月後、マクロン自身も認めている。その点について改めて私がマクロンに尋ねると、マクロンはいった。

「間違いない。祖母の死を知ったときフランソワ・オランドが私にかけた言葉は、私だったら口にしたくない類いのものだった」*1

　言葉一つで政治家の運命は変わるものなのだ。

政治家への志

　実はエマニュエル・マクロンは、政治家になった当初いわれていたのとは違い、すでにずいぶん前から大統領になることを考えていたようだ。

　国立行政学院《ENA》の受験勉強を一緒にした友人で、マクロンの結婚式で証人を務めたマルク・フェラッチは、「エマニュエルは自分に課せられた責任をこなし、その人生とキャリアを歩むうちにごく早くから政治家を志そうとした」と説明する。

「彼がロチルド銀行で働くと決めたとき、周囲の多くの人が、そうした経歴はフランスのような国では将来問題視される恐れがあると彼に注意した。だが彼は、ロチルド銀行に勤めることで、逆に経済的自由を得ることになるだろうといったんだ」

　政治に対する国民の根深い不信を痛感しているマクロンは、政界から距離を置き、既存の政治家とは一線を画すため、自分のこれまでの政治活動を強調しようとはしない。まずル・トゥケから（ル・トゥケにはブリジットの実家から受け継いだ邸宅があり、彼はそこに毎週末のように通っている）、次いで祖母の実家があるオート＝ピレネー県から選挙に出馬して議員を目指そうとしたことについてもほとんど触れようとしない。

過去にジャン＝ピエール・シュヴェヌマン（彼とのあいだにはミシェル・ロカールとのような知的で親密な関係は築かれなかった）のもとで働いていた経験についても、この元大臣に対して敬意は表しながらもほとんど語られることはない。だが、彼はどこからともなく登場したわけではない。政治に無縁の世界で育ったわけでも、彼の当初のプロフィールが世間に信じ込ませたように、偉大な作家や思想家の著作を読むことばかりに夢中なノンポリ青年だったわけでもない。

左派を支持する家庭

いや、彼は実のところ「つねに政治に興味を抱いていた」し、明確に左派を支持する家庭で育った。両親も敬愛する祖母も（一九八一年のミッテランの勝利を、マクロン一家はこの祖母の家で祝った）、政治に関心を寄せていた。だが、「私も家族も活動家ではなかった」とマクロンは主張し、「選挙は素人だ」と強調する。

しかし彼は一六歳のときすでに、文学作品ばかりではなくジャック・アタリの『Verbatim（逐語的報告書）』の第一巻*2を「夢中になって」読んでいる。ティーンエージャーにはとっつきにくい本だが、この作品を読みながら彼は権力の中枢に入り込んだような感覚に陥った。

そしてその後、ジャン・ラクチュール〔一九二一〜二〇一五。ジャーナリスト〕が著したド・ゴール、フランソワ・ミッテラン、ピエール・マンデス＝フランス〔一九〇七〜八二。五四〜五五年に首相を務め、第一次インドシナ戦争を終結させた〕の伝記のほとんどを読み漁った。アンリ・エルマンの紹介でミシェル・ロカールと親交を温める前には、彼の著作も読み、さらにド・ゴールの著作や彼のスピーチ原稿もいくつか読んだ。

「ド・ゴールが書いたものは定期的に読み返している。彼の抑制のきいた文体や文章がすごく好きだ」

政治に興奮をおぼえた経験

最初に政治に興奮をおぼえた経験をマクロンに尋ねると、「一九八一年のことはぼんやり記憶している」という答えが返ってきた（彼は当時三歳だった！）。だが、強く印象に残っているのは一九八八年のミッテランの再選のときで、いつものように祖母の家でそのニュースを知ったという。

それから彼は、自分にとって印象深かった出来事を淡々と挙げていった。

一九八九年一一月九日のベルリンの壁の崩壊（「世界を再編する出来事だった」）、推進派のミッテランと反対派のフィリップ・セガンとのあいだで激しい議論を巻き起こしたマーストリヒト条約の批准キャンペーン、ドロール欧州委員会委員長による同条約発効の宣言、一九九三年のヌヴェールでのピエール・ベレゴヴォワの自殺［ミッテラン政権下で首相を務めるが、金銭スキャンダルを苦に、首相辞任の二カ月後に拳銃自殺した］――、「はっきりとおぼえている」――、そして一九九五年の大統領選挙。アンリ四世校に通うためパリに引っ越したばかりの頃で――、「自分の拠りどころをふたたび見出し、バカロレア試験に合格しなければならなかった」――、選挙権はまだなかった。その七年後の二〇〇二年に行われた大統領選挙についてもよくおぼえている。極右政党である国民戦線のジャン＝マリー・ル・ペンが決選投票に勝ち進み、国中が啞然としたあの選挙だ。

当時マクロンはフランスから遠い場所にいた。国立行政学院《ENA》の研修の一環としてナイジェリアに滞在していたのだ。戦時下にある国に派遣してほしいと志願したのだという。

「私の世代の人間に強い印象を残したあの四月二一日の第一回投票日は、私にとってとても奇妙な日で、まるで雷鳴を聞いているかのようだった。私はパリから遠く離れたナイジェリアの首都アブジャで、どちらかといえば右派のジャン＝マルク・シモン大使と一緒に少々呆然としていた。だが、まさにその夜、私たちは飛行機事故で行方不明になっていた二人のフランス人の遺体を捜索しなければならなかった」[*3]

マクロンはもちろん、ジャン＝マリー・ル・ペンが決選投票に進んだことに衝撃を受けたが、それ以上に驚いたのが、ジャック・シラクの信任投票のような形となった決選投票のあとに見られた状況だという。

「その後、政界再編が起こることもなかったし、国民戦線の候補が決選投票まで進んだことの政治的な影響もまったくなかった」

当時マクロンは、自身の〝ジャン＝ピエール・シュヴェヌマン支持時代〟の終わりを迎えていた（彼は二〇〇二年の大統領選挙の第一回投票ではシュヴェヌマンに、決選投票ではシラクに票を投じた）。

フランス以外の出来事としては、当然のことながら二〇〇一年九月一一日のアメリカ同時多発テロ事件を挙げた。彼は当時、国立行政学院《ENA》の学生で、ちょうどアミアンに滞在していた。

「ニュースを知り、ブリジットが教えていた学校まで行った。授業を終えて出てきた彼女に事件を知らせた。みんな驚愕していた」

再編と刷新が可能

二〇〇七年の大統領選のとき、彼はパリで財政監査官として働いていた。そのときは第一回投票で誰を支持したか記憶にないが、決選投票ではセゴレーヌ・ロワイヤルに票を入れたという。

二〇一七年のマクロンの選挙キャンペーンが、ポワトー＝シャラント地域圏知事を務めた経験をもつセゴレーヌ・ロワイヤルの選挙キャンペーンと似ているという声があるが、マクロン自身はかならずしもこの指摘に与《くみ》しない。

「彼女は彼女なりのトーンを見つけ出し、とても巧みに選挙戦を繰り広げた。だが、社会党を一つにまとめることはできなかった。参加型の選挙キャンペーンなど、彼女らしく新しいアイディアをいくつか思いついたことは認めるが……。私の陣営は政党という枠組みを超えている。一方ロワイヤルは、自分が二〇年以上看板を背負って当選してきた政党の中で物事を一新する選択をした。私の陣営の政治的選択のほうがよりラディカルであり、だからこそいま、再編と刷新が可能になっている」

そして彼は「時代は変わった」と結論づけ、「ロワイヤルが選挙戦を戦った当時は民主主義の危機がいまほど先鋭化していなかったし、国が置かれている状況も違っていた」と述べた。

それでも私が、「あなたのスピーチは、青いチュニックに身を包み、集まった支持者たちに〝友愛、友愛〟と叫ぶよう促しながら〝よりよい人間になりましょう〟と訴えかけたセゴレーヌ・ロワイヤルを想い起こさせるものであり、結局、あなたの説法師のような演説スタイルは彼女からヒントを得たものではないか？」と尋ねると、マクロンは、「そんなことはまったくない」と否定した。

「確かに私は自分の信念を訴えて聴衆を一つにまとめ、熱狂させるスタイルが好きだが、彼女になぞらえるのは適当ではない」

彼はそういうと、笑いながら付け加えた。

「チュニックを着るつもりはないので、どうぞご安心を」＊4

デジタル時代の〝テレビ説法師〟

マクロンはうまくはぐらかしたが、自分がセゴレーヌ・ロワイヤルと同じ調子《トーン》で聴衆に語りかけていることは自覚している。とくに支持者たちに〝愛〟を語るときや（トゥーロンで「あなたたちを愛する」とストレートに語りかけたときがその最たる例だ）、デジタル時代の〝テレビ説法師〟を気取るときだ。彼は断言する。

「政治の世界で愛を語らないのは大きな過ちだ。なぜなら人間には理屈では割り切れない感情の側面があり、愛を必要としているからだ」＊5

そして熱に浮かされたようにこう続けた。

「身を捧げること、人々にじかに会い、触れ合い、自分の姿を見てもらうというスタイルを実践すること――それはフランス国民を愛していなければできないことだ。だからこそ、ある時点で〝愛している〟と国民にちゃんと伝えなければならないのだ。なぜなら、彼らがそういわれることを必要としているから……」

さらに彼は続ける。

「何か特別なものが生じる瞬間がある。〝カイロス〟と呼ばれる瞬間だ*6。そのとき私たちは何もできない。その中にいるか、いないか、しかない。私たちにはどうすることもできないのだ。そこにはすべてを凌駕《りょうが》する〝瞬間の力〟がある。そこでは自分が信じることをして、与えるべきもの、与えることのできるものを与えるしかない。それも真心を込めて。物事が自分の力を超えたときはそんな謙虚さをもたなければならない。つねにあとから理屈を付けて体裁を整えることはできるが、それが完全に真実とは限らない」

ナポレオン・ボナパルトのような存在

イエズス会系の学校で学んだマクロンは、やはりキリスト教に強く感化されているのだろうか？　この点に関して彼はかなり揶揄《やゆ》されてきた。ポルト・ド・ヴェルサイユで開催された彼の最初の大規模選挙集会のあとはとくにそうだ。何しろ、熱狂する聴衆を前にイエス・キリストのように両腕を大きく広げ、甲高く声を張り上げるようにして会を締めくくったのだ。

フランスのユダヤ教の最高指導者《大ラビ》で、マクロンと親密に交流しているアイム・コルシアは、「マクロンはナポレオン・ボナパルトのような存在だ。私は彼にその理由を説明した」と語る。

「彼は実際、サルコジ、ジュペ、ヴァルス、オランドといった政治家たちが次々に〝首を刎《は》ねられた〟直後に現れた。さらに、旧体制《アンシャン・レジーム》を打ち倒したフランス革命のあとに登場したナポレオンと同様、若さと情熱と自信に満ちあふれている。マクロンには人を引っ張っていく力があり、その手腕は見事なものだ。若者は彼の問題提起に共感する」＊7

マクロンにすっかり心を奪われた様子で大ラビはさらに続けた。

「〈前進！《アン・マルシュ》〉という政党名にしても示唆に富んでいる。これはサン＝テグジュペリの『夜間飛行』にある〝人生において解決策はない。前進する力があるだけだ。まずはその力をつくり出さなければならない。すると解決策はあとからついてくる〟というくだりを暗示している。さらに、ジャコメッティの彫刻作品〈歩く男〉や、神がアブラハムに語った〝確信を捨てて歩き出せ〟〝エジプトを出ること、それは狭さから、幽閉から出ることだ〟といった言葉にも関連する」

そもそも、ジャック・シラクの長年の友人で、シラクが愛情を込めて〝ラビヌー〟と呼ぶこのユダヤ教の大ラビとエマニュエル・マクロンが頻繁に交流しているという事実は興味深い。マクロンは彼を誹謗《ひぼう》する人たちが皮肉を込めていうように、「とり憑《つ》かれて」いるのだろうか？　信仰のない両親に育てられ、一二歳のときに自分で洗礼を受けることを決意したという彼は、自分が特別な使命を背負っていると思い込んでいるのだろうか？

自分は特別だという過剰な自信

その点について大ラビに尋ねると、こんな答えが返ってきた。

「彼には霊的な何かがある。預言者を預言者たらしめる言葉、〝われ、ついに現る!〟が彼にはぴったりだ。彼はすべてを捨てて国のために何かをなすことができる。彼は何ものにもとらわれない。それが国民を熱狂させる」

大ラビであるアイム・コルシアはカトリックやイスラム教の宗教指導者たちをマクロンに紹介した。大ラビによると、マクロンはユダヤ教の贖罪の日《ヨム・キプル》に、報道陣を伴わずにシナゴーグを訪ね、「使命を拒んだヨアシュの意味についてその場で即興で意見を述べた」。

大ラビはマクロンが「教典をよく理解していて、あらゆる宗教の典礼に対して敬意と深い理解をもって接することができる」と評価し、マクロンの成功の最大の秘密は、彼が自分のしていることに満足していることだと分析する。

「彼は落ち着いていて浮ついたところがない」

一方、ジャック・アタリの見方は冷めている。エマニュエル・マクロンが自分を特別な運命のもとにあると感じている点についてアタリはこう述べる。

「マクロンはそれを自明のことのように捉えている。自分は違う、自分は特別だと当然のように考える甘ったれの坊やのように。そんな考え方が昂《こう》じると〝この世はすべて自分のものだ〟などといい出しかねない。すべて自分のものだから、何もしなくても手に入ると思い上がるようになる。繰り返しになるが、彼を見出したのはこの私だ。そして私は確かに、彼にすぐさま、きみには大統領になる素質があると告げた」＊8

ある友人の意見もアタリの分析とほぼ同じだ。

「あそこまで上り詰めるには、自分は特別だという過剰な自信が必要だ。三八歳の人間が、民間の稼ぎのよい仕事を辞め、大統領府（エリゼ宮）の副事務総長となり、そのあと経済大臣を務め、さらに大臣も辞め、党を離れて自身の政治組織をつくる――自分は使命を授かって生まれてきたという確信をもつ人以外、そんな真似はできない。彼の心にはそうした使命感がもう何年も前からあったのだろう」

守護動物はコウモリ

エマニュエル・マクロンは一筋縄ではいかない人物だ。人の心を惹きつけることに躍起になるのと同時に、果敢に自分を貫き通そうとするからだ。政治に風穴を開けようとする人であり、と同時に高級官僚《テクノクラート》であり、ロックスターでもあるからだ。国民戦線の党首で大統領選のライバル、マリー・ル・ペンに「ジャスティン・ビーバーのようだ」と皮肉られたこともある彼は、彼の陣営の広報担当者に対して選挙集会を「政治コンサートのように」演出するよう指示を出した。拍手喝采を浴びると、彼の瞳は時に高揚感できらめく。

　確かに一筋縄ではいかない人だ。

　猛獣の檻のような政治の世界に入り込んだ未知の存在ともいえる。「コウモリのようだ」とアカデミー・フランセーズ会員のジャン・ドルメッソン［一九二五〜二〇一七。作家、ジャーナリスト、哲学者。映画『大統領の料理人』でミッテランを演じた］は評する。彼は経済大臣だったマクロンに頼まれ、二人きりでランチをともにしたことがある。ドルメッソンいわく、「奥さんもそうだが、非常に聡明で、とても感じがよかった」。と同時に、彼はマクロンに「一種の自己陶酔」を見てとっている。哲学の素養のあるこの経済大臣とドルメッソンはとくに政治について語り合った。

「私は彼にいった。〝政治家はみな、守護動物《トーテムアニマル》のようなものをもっているのを知っているか？　あなたの守護動物はコウモリだ。翼があるから自分は鳥だとも、足があるからネズミだとも主張できる……。いずれかの時点でちゃんと選ばなければならない〟と」[*9]

　マクロンがコウモリ？　それをいうならトカゲだろうか。彼が幼い頃、瓶に尻尾を集めていたというあのトカゲだ。マクロン少年はおそらく、生き残るために尻尾を切り離すトカゲの能力に魅了されたのかもしれない。生き残るため、とらわれずに自由でいるために。

エピローグ

〝現実の壁〟

まなざしが変わった。エマニュエル・マクロンの、そして彼を見つめる人々の。

マクロンのまなざしは無邪気さを装った子どもっぽいものから、鋼《はがね》のような鋭い光を放つ険しいものに変わった。意外なほど決意をみなぎらせたその瞳の奥は、時に高揚感とかすかな自己陶酔を映し出してきらめく。

彼を見つめる人々のまなざし――彼が一線を画そうと腐心してきた〝旧世界〟や社会カーストや既存の政治システムを代表する人々のまなざしのほうは、当初の興味深げなもの、次いで嘲笑するようなものから、漠然とした不安を帯びたいぶかしげなものに変わった。四年前にはまったく無名だった〝政界の未確認飛行物体《UFO》〟エマニュエル・マクロンは、先輩政治家たちを差し置いて、かつ政界の不文律をものともせず、二〇一七年の大統領選に勝利することができるのか？

サクセスストーリーに彩られたゴールデンボーイといった風貌のマクロンが、おぼつかない足取りで政治の舞台に登場したとき、野望をたぎらせた政界の狼たちは、老いも若きもまずは舌なめずりをした。野心をはっきり表に出し、ほかの誰とも違う言葉を語るこの明敏な知性をそなえた青二才が、よくある〝現実の壁〟にぶちあたる姿を、さらにいえばジャン・ルカニュエ［一九二〇～九三。フランス民主連合（UDF）党首やジスカール・デスタン政権下で法務大臣などを務めた］、ジャン＝ジャック・セルヴァン＝シュレーベル［一九二四～二〇〇六。ジャーナリスト、レクスプレス誌の創始者、政治家。急進党党首やジスカール・デスタン政権下で一三日間だけ改革大臣を務めた］、あるいはタイプは違うがミシェル・ジョベール［一九二一～二〇〇二。ポンピドゥー政権下で外務大臣、ミッテラン政権下で対外貿易大臣を務めた］など、かつて政界を流れ星のように通り過ぎたほかの進歩主義者たちと同じように、足をすくわれてつまずく姿を目にすることを期待したのだ。

〝再生の〟シンボル

エマニュエル・マクロンが経済大臣に任命されたとき、〝生粋の〟政治家たちはほくそ笑んだ。〝超富裕層〟の税率を七五パーセントに引き上げるというオランド大統領の決定を聞き、「それじゃ、この国は太陽のないキューバですよ！」と口走ったこの人物が、現実の問題に直面したとき、与党内の強硬派たちとうまくやっていけるわけがないと踏んだのだ。

マクロンがガド社の女性従業員たちを「読み書きのできない人たち」と呼ぶ最初のヘマをし

でかしたとき、彼らは満足げに顔を見合わせた（まさか、こんなに早く失態をさらすとは……）。だが、マクロンはひたすら低姿勢に謝罪し、失言を早々に忘れさせることに成功した。そして徐々に〝現代性の〟、あるいは少なくとも〝再生の〟シンボルとなりはじめた。ほかの政治家たちとは異なる言葉を語り、抑制のきいた挑発や既定路線から逸脱する言動を、リスクを承知で次々に繰り出しながら。

「億万長者を目指す若いフランス人が必要だ」「自由主義《リベラリズム》は左派の価値だ」といった発言がその例だ。

さらに、公証人、執達吏、歯科医、運転免許試験官らの既得権益をひとまとめにして疑問視し、それらを是正する措置も講じた。あえて流れに逆らうこの作戦は、集団に埋没することを避け、ほかの人との差別化を図るためにとられる古くからある手法である。

政治運動〈前進《アン・マルシュ》！〉

マクロンが「各人の力を足し算する結集体」、つまり右派、左派双方の身寄りのない進歩主義者たちを分け隔てなく受け入れる寄り合い所帯のような政治運動〈前進《アン・マルシュ》！〉を立ち上げたとき、ほかの政治家たちはこの若造がフランソワ・オランドを真似ていると考え、皮肉めいた笑みを浮かべた。

だがその後しばらくすると、そしてとくにエマニュエル・マクロンが大統領選への出馬を決めたあと、古い政治を体現する人たちは、彼の風変わりな政治運動〈前進！《アン・マルシュ》〉の華々しい成功を前に、彼に向けるまなざしを変えはじめた。何しろ〈前進！《アン・マルシュ》〉では、実寸大の参加型世論調査ともいえる「大行進《グラン・マルシュ》」［運動員が各家庭を訪問し、国民の意見を聴取するプロジェクト］を実施し、そこで拾い集めた国民の声を政策や活動に反映させていこうとしているのだ。

いまや漠然と不安に駆られている古参の政治家たちは、かつてアラン・ジュペを襲ったのと同じ現象がマクロンにも起こればいいと願っている。つまり、人気のバブルの崩壊だ。だが彼らは、自分たちがマクロンを見ていら立つ要素こそ、マクロン支持者を惹きつけてやまない魅力になっていることに気がつかない。それは何よりも彼の新鮮さであり、積極的に前面に押し出す楽観主義だ。馴《な》れ合いや、時代遅れとなった左右のイデオロギーの対立を打ち破ろうとする意志だ。あたり前のことを自信たっぷりに語り、これぞ革命的なアプローチとでもいうように〈自由、平等、博愛〉をふたたびもち出して強調するやり方だ。

さらにいえば、フランスの政治家にありがちな雄々しさを前面に出すことはせず、国民に実直にまっすぐ訴えかけるあの独特のスタイルだ。そして、ライバルからブーイングをされるような言動は慎み、ネガティブキャンペーンも張らず、支持者たちに愛を伝えようとするやり方だ。

作家のパスカル・ブルックナーはル・モンド紙の記事でマクロンをこう分析した。

「〝権力への愛〟と〝愛の力〟を混同し、大統領に選ばれたがってはいるが、それより何より相手が自分の魅力に無条件にひれ伏して自分を愛してくれることを、みんなに好かれることを願っている。だからこそ彼は凄腕《すご》の人たらしとして、まず私たちに〝あなたたちを愛する〟と宣言するのだ〔中略〕。だが、歌手がコンサートで観客に呼びかけるように彼が選挙集会で恍惚《こうこつ》の表情を浮かべて支持者たちに向かっていう〝あなたたちを愛する〟というこの言葉は、その実、〝あなたたちを通じて私は自分自身を愛する〟と述べているようなものなのだ」＊1

事実、エマニュエル・マクロンは矛盾に満ちている。第五共和政の異星人であり、異質で特別な存在だ。先輩政治家のほとんどは、年長の指南役を鬱陶《うっとう》しく思って歯向かったものだが、逆にマクロンは彼らに可愛がってもらって出世を果たし、結局、ド・ゴールのようなスタンスでキャリアを築いた。つまり、馴れ合い、伝統的な既存の政党、そして大統領にさえも〝ノン〟を突きつける救世主然とした人物として。

そしてその政治家としての短いキャリアを通じて、束縛されないように、自由を奪われないように、従僕の立場に甘んじないようにと強迫的に心がけてきた。それらはマクロンにとって耐え難いことだった。彼は投資銀行家の仕事を売春婦の仕事に、大統領府（エリゼ宮）の副事務総長の仕事を「毎日シーツを交換しなければならない小間使い」の仕事になぞらえ、経済大臣だったときは大胆にも、「私はフランソワ・オランドに恩義を受けているわけではない」といい放った……。

彼は行政機構、銀行、政府——つまり政治・経済システムの中枢で働いたが、その度ごとに、そこに溶け込むことなくただシステムをじっくり観察した。

現代の奇妙な英雄

エマニュエル・マクロンは現代の奇妙な英雄であり、職業生活においても、社会の圧力に屈せずみずからの愛を世間に認めさせた私生活においても、その揺るぎない意志を自分のトレードマークにした。そのためには、時に少し美化した自分の過去や自分自身を宣伝のツールとして使うことまで行った。

宣伝のツールの中身は絶えず変化している。というのも、特定の色がつくことを極度に恐れているのか、彼のアイデンティティは頻繁に揺れ動くようなのだ。欲求不満からなのか、あるいは束縛されるのが嫌なのか、はたまた自分が夢見た人生を生きられなくなるのが怖いのか、彼はつねにアイデンティティを模索している。

その姿はフランソワ・モーリアックがかつてフランソワ・ミッテランについて述べた、「彼は自分の人生を意のままにしようと拳を握りしめてあがき苦しむモーリス・バレス［一八六二〜一九二三。小説家、政治家、社会運動家。ナショナリズムと社会主義を組み合わせたファシズム思想の生成に多大な役割を果たした」的な子どもだ。彼は人生を思いどおりにするため、すべてを犠牲にする選択をした」という言葉を想起させる。

明らかにエマニュエル・マクロンも、自分の人生を意のままにしようとする子どもの一人だ。マクロンの友人はいった。

「彼はいまだにジャングルブックの主人公のモーグリで、彼の祖母がバギーラだ。だが、いまやババール［ジャンとローランのド・ブリュノフ父子の絵本シリーズ『ぞうのババール』の主人公の象。母を殺されてパリで老婦人に世話されたあと、故郷に戻り、象の国の王様になる］になるべき時なのだ」

追記

若き成功者としての大統領

彼は延々と歩いた。〈欧州の歌〉に定められているベートーベンの『交響曲第九番』が流れる中、ガラスのピラミッドがあるルーヴル宮の中庭を三分近く歩いたのだ。

二〇一七年五月七日、エマニュエル・マクロンは六六・一パーセントの票を得て大統領に選出された。その夜、フランス国民に強い印象を与えたのは、この若き政治家の変貌ぶりだったに違いない。

彼はあっという間にフランス共和国大統領に早変わりした。これは遠い昔に受けた演劇のレッスンの賜物《たまもの》なのだろうか？　あるいは、前任者たちをじっくり研究した成果なのか？　いずれにせよ、エマニュエル・マクロンは年齢こそ若いが——史上最年少だ——、大統領という新たな役柄に即座になじんだ。ゆったりとした足取り、悠然とした身のこなし、重々しい表情……。驚くべきことに、大統領になったばかりの彼に新米らしさはまったくなかった。エマニュエル・マクロンを見て、まだ経験の浅い駆け出しの政治家だと思う人は一人もいないだろう。

フランソワ・ミッテランを意識した演出

彼はすぐに自分のカラーを前面に出した。不手際も危なっかしさもない大統領としてのその振る舞いは、見ているほうが戸惑うほど板についていた。彼はずいぶん前から、大統領になるこの瞬間を夢に描いてきたのだろうか？　壮大すぎて現実味を欠くような夢の中で、大統領としての身のこなしや仕草《しぐさ》を繰り返しリハーサルしてきたのだろうか？　そんな疑問がよぎるほど、実に堂々としていた。

エマニュエル・マクロンは、おそらく大統領選第一回投票日の夜の行動をめぐって世間の非難を浴びたことを教訓にしたのだろう（彼はその夜、友人や側近たちとパリ一四区のブラッスリーに繰り出し、すでに当選が決まったかのように祝杯を上げたと伝えられている）、決選投票日の夜の振る舞いは完璧だった。

大統領としては若すぎる、経験がなさすぎると誰かに指摘されたのか、彼は威厳を強調し、フランソワ・ミッテランを意識したさまざまな演出を施した。

その第一の要素は、大統領選における勝利集会の開催場所だ。彼の陣営の広報担当者は当初、シャン＝ド＝マルス公園での開催を告知していたが、ガラスのピラミッドがある広場に変更された。ガラスのピラミッドは、かつてミッテランが各界の伝統を重んじる人々から上がった、悲鳴にも似た反対の声を無視して造らせた建造物だ。このピラミッドは、フランスの長きにわたる歴史が刻まれた世界的に有名なルーヴル宮の中庭に設けられている。まずは王家の居城として、そしてフランス革命後は美術館として利用されているこのルーヴル宮を、マクロンは演説の中で「フランス国民すべてにとって象徴的な場所」と表現した。

さらに、一九八一年五月にパンテオン［フランスの偉人たちを祀る霊廟］で開催されたミッテランの勝利集会と同じ演出も取り入れられた。第五共和政初の社会主義者の大統領となったミッテランは当時、一本のバラを手に［手に握られた一本のバラは社会党のシンボルマーク］、同じく〈欧州の歌〉が響き渡る中、たった一人で会場を歩き、ジャン・ジョレス［一八五九〜一九一四。フランスの社会主義運動の指導者。第一次大戦開戦前まで反戦運動を繰り広げ、愛国者に暗殺された］、ジャン・ムーラン［一八九九〜一九四三。レジスタンス運動の英雄。ゲシュタポに逮捕され拷問死する］、ヴィクトル・シュルシェール［一八〇四〜九三。政治家。奴隷制廃止運動の指導者］の墓の前で黙祷を捧げた。

つまりミッテランとマクロン、新たに大統領に選ばれたこの二人はともに、大統領にふさわしくないという非難——前者は社会主義色が強すぎる、後者は経験がなさすぎる——を払拭するため、荘厳な雰囲気をたっぷりと演出したのである。

全国民を代表する大統領

いずれにせよ、エマニュエル・マクロンはどれほど若くても、国家元首として初めて演説するとき声が震えることはなかった。当然ながら彼は、国の最高権力を彼に授けることになったこの選挙の勝利集会の演説の中で、フランスの古い政治システムを解体するためこの華々しい選挙をともに戦った支持者たちを讃《たた》えた。彼は誇らしげに語りかけた。

「みなさんは前例も類例もないことを成し遂げました。誰もがみな私たちに、そんなことは不可能だといいました」

主張や立場の異なるフランス国民すべての和解と融和を目指す寛容なマクロンもまた、まるでそれが新たに国家元首に選ばれた人の慣例であるかのように、「全国民を代表する大統領」というみずからの立場を強調した。そのため彼は演説の中で、政策や主張に同意はできないが自分に票を入れてくれた人や、「共和国を守るために」自分を選んでくれた人のみならず、対立候補だった国民戦線のマリー・ル・ペンに投票した人たちにも感謝の気持ちを述べた。

「彼らにブーイングをしてはいけません」とマクロンは、選挙集会で時折見せたのと同じ口調で集まった支持者たちを諭した。

「彼らは怒りや戸惑い、そして時に信念を表明しました。私は彼らを尊重し、来たる五年の大統領の任期のあいだに、極端な主張をする政党に投票する理由などなくなるようにあらゆる努力を重ねるつもりです」

さらに彼はフランスという国を超え、自分の言葉に酔いしれるようにしてこう述べた。

「今夜、ヨーロッパが、そして世界が私たちに注目し、私たちがいたるところで啓蒙精神の護《まも》り手となることを期待しています」

そのあと彼は、感極まって涙ぐむブリジット夫人と子や孫たち——再編成された異例の家族——をステージに上げ、支持者たちがいっせいに赤、青、白の三色旗を振る中、片手を胸にあて、時折目をつむりながら、国歌〈ラ・マルセイエーズ〉を高揚した面持ちで歌った。

政治のソフトウェア変革

フランソワ・オランドやニコラ・サルコジとの違いを際立たせるため、考え抜かれて演出されたこのマクロン新大統領の勝利集会での言動は、長く人々の記憶に残ることだろう。このまるで〝子どものような〟若々しい大統領は、スムーズにその職務に就くことに成功した。彼は、五月一四日に開催されたフランソワ・オランドから公式に権限を委譲される式典と就任演説も堂々とこなした。綿密な広報戦略にもとづいて、仕草や所作の一つひとつを完璧にマスターしていることは明らかだった。

　天使のような微笑みを浮かべた大統領候補から、決然としたまなざしで力強く語りかける大統領へ――その変身は劇的で、少なからぬ人々を唖然とさせた。昨日までの手強《ごわ》いライバルたちでさえ驚いた。エマニュエル・マクロンの国家元首としての力みのない余裕のある物腰と、自然に発せられる威厳を賞賛する声が次々に上がった。

　巷には「マクロン熱狂者《マニア》」と呼ばれる人たちが現れた。マクロンの佇《たたず》まい、身のこなし、振る舞いをほめたたえる人もいれば、発せられる数は少ないが、的確で「意味をなす」彼の言葉をほめそやす人もいた。フランスでも他国でも――マクロン夫妻はとくにその年齢差から世間の関心を惹き、人々を魅了した――、エマニュエル・マクロンはまさしく〝時の人〟だった。

　これこそ、エマニュエル・マクロンが選挙期間中に口にしたあの「カイロス」［二四四頁および原注：第一〇章を参照］だったのだろうか？　あの「私たちにはどうすることもできない、すべてを凌駕《りょうが》する〝瞬間の力〟」が働いたのだろうか？

　いずれにせよ、大統領就任後の数週間は陶酔の魔力が働き、批判が一時的に棚上げされ、エマニュエル・マクロンは国民との蜜月期間を過ごしたように見えた。彼は〝威厳のある有能な大統領〟として振る舞うことで――少なくともそうしたイメージを植えつけることで――、国内外における偏見や嘲《あざけ》りをあっという間に払拭した。さらに、シュンペーターの「創造的破壊」［企業家によるイノベーションによって古い均衡が破壊され、新たな経済発展が生じるという概念］の論理にのっとり、国民議会（下院）総選挙を通じて既存政党を瓦解《がかい》させ、古い政界を壊すことにも成功した。破壊は流血も暴力もなく、粛々と進んだ。マクロンはフランス国民に、旧来の政治家たちを追い出すチャンスを与えた。これは単なる権力者の交代劇ではなく、政治のソフトウェア変革そのものだった。

マクロンの政党〈共和国前進〉

エマニュエル・マクロンが一年前に旗揚げした政治運動〈前進！《アン・マルシュ》〉は政党〈共和国前進〉と名称を変え、五〇年前のド・ゴール派の政党と同様、ロードローラーのごとくすべてをなぎ倒して快進撃を続けた。

二〇一七年六月一一日、国民議会総選挙の第一回投票日の翌日、社会党の得票率は七パーセントと史上最低のレベルに沈み、同党は消滅寸前の状態に陥った。同様に緑の党は四パーセント、共産党は三パーセントとともに粉砕された。ジャン＝リュック・メランションが率いる政党〈屈しないフランス〉でさえ一一パーセントと、大統領選挙でメランションが獲得した数字と比べて後退した［大統領選第一回投票におけるメランションの得票率は一九・五八パーセント、マリー・ル・ペンの国民戦線の得票率は一三パーセントだった。大統領選第一回投票では二一・三〇パーセント、決選投票では三三・九〇パーセント］。

一方、共和党は一五・七七パーセントの票を獲得し、表向きは改選前の議席数を維持した。だが、とくにエマニュエル・マクロンが同党から人材を引き抜いたため（首相にアラン・ジュペに近いエドゥアール・フィリップ、経済大臣にブリュノ・ル・メール）、同党が切り崩され、内部崩壊するのは時間の問題ともなっている……。

だが、既存政党を瓦解させたこうした地殻変動の背景を冷静に分析するには、国民議会総選挙の第一回投票の棄権率が五一パーセントと、史上最高であったことにも注目しなければならない。

政治学者ジェローム・ジャフレは棄権が多かった要因として、大統領選直後に行われたため国民が〝選挙疲れ〟を起こしていたことと、マクロンから一定の距離を置こうとする動き［大統領を支持したくないが、かといって反対勢力に票を入れるほどでもない］があったことの二点を挙げている[*1]。その一方で、ジャフレはさらにこうも述べている。

「大統領選挙に大勝したことで、エマニュエル・マクロンは第五共和政ならではの強大な大統領の権力を手にしている。それが変革と、ベッペ・グリッロ［イタリアの俳優、政治活動家。政党〈五つ星運動〉党首］流の古い政治家たちを徹底的に排除する動きを加速している」

社会党の歴史ある砦《とりで》と、同党ほどではないが同じく伝統を誇る保守系右派の砦が揺れ動くことなど、国民は想像もしなかった。だが、それが実際にマクロンの政党〈共和国前進〉の波に呑《の》み込まれ、崩れ落ちたのだ。この大きな潮流を引き起こし、そこから最大の利益を得ている人物は、まぎれもなくエマニュエル・マクロンその人だろう。この若き大統領は人々を驚かせ、魅了し、時にいら立たせる。だが、どんな思いを抱かせるにせよ、私たちは彼に無関心ではいられない。

とにかく、この童顔の大統領の変貌ぶりに人々は唖然とした。弱腰すぎる、経験がなさすぎると不安視したのは、まったくの取り越し苦労だったのだ。マクロンはごく短いあいだに自分の技量と、歴史と現代性を重んじる彼自身のスタイルを人々に見せつけた。若さゆえの純真さを身にまとう演出は終わった。信者に愛を説くテレビ説法師のような激情も消え去った。草の根の国民の声に耳を傾けるという、〈前進!《アン・マルシュ》〉の基本理念も忘れ去られた。

権力を厳然と行使

史上最年少の大統領は、いまや鋼《はがね》の意志を見せている。そしてみずから公言したとおり、権力を厳然と行使しようとしている。つまり、垂直方式《トップダウン》かつ効率的に、さらにはある意味〝専横的〟に権力を振るおうとしているのだ。

国民は若くてクールな大統領を選んだと思っていた。

水平に働く権力、社会のUber《ウーバー》化［Uberは世界最大のライドシェア事業者。ウーバー化とは、インターネットやスマートフォンを通じたオンデマンドサービスを基本としたビジネスモデルの拡大を指す］、経済の自由化を追求するフェイスブック世代の現代風の青年や、デジタル時代の「星の王子さま」たちは、時代に即したまったく新しい大統領を大統領府（エリゼ宮）に送り込んだと考えていた。だが、そんなイメージはまやかしだった。

彼は事実、リラックスした態度（計算ずくの演出だ）や大統領府（エリゼ宮）の階段を早足で駆け上がる姿（そうした写真は早速SNSにアップされる）を国民に披露する一方で、フランスの歴史上の人物を次々にお手本にしている。お手本はフランスが共和国になってからの偉人にとどまらない。王政や帝政期の人物も参考にしているのだ。

権力に対しての考え方

国家の壮大な物語《ロマン》をみずから構想し、みずからの彫像を歴史に刻もうとするマクロンは、フランスの過去の偉人を参考に、世界に対して万華鏡のように七変化する国家元首の姿を演出している。

たとえば、超党派の立場でフランスを再建しようとするところはド・ゴールを、歴史や文学や精神性に言及し、〝時代の支配者〟（マクロンのアドバイザーたちは〝時計の支配者〟という表現を好んでいる）として振る舞うところはミッテランをお手本にしている。また、「過去の人」と見なされた指導者たちが「首を刎《は》ねられ」たり追放されたりした〝人員整理〟のあと颯爽《さっそう》もいる。

と登場した、野望と自信に満ちた征服者という側面を強調することで、ナポレオンを気取って

ちなみにこの〝人員整理〟を経て、少なくともサルコジとオランドの両大統領経験者と、アラン・ジュペ、マニュエル・ヴァルス、フランソワ・フィヨンの三人の首相経験者が政界地図から抹消された。

マクロン新大統領のこうしたスタイルはけっして驚くべきものではない。彼の権力に対する考え方は、彼が経済大臣だった二〇一五年七月にル・アン紙に掲載されたインタビューですでにうかがい知ることができる。つまり彼は政党〈共和国前進〉の誕生以前に(!)、フランスの政治には「王」が欠けていると論じ、そのせいで「国民のあいだに実態のない心の空白」が生じており、その空白はナポレオンとド・ゴールが支配した時代にのみ埋められたと主張したのだ。その後、大統領選挙期間中に彼はピュイ・ド・フーで、フィリップ・ド・ヴィリエ〔国家主義を標榜する右派〕の成功を讃《たた》える演説をしたり、オルレアンで開催される〈ジャンヌ・ダルク祭り〉で熱のこもった演説をしたりして、彼を「自由主義経済寄りの左派」と見なしていた一部の友人たちを驚かせた。

ヨーロッパの指導者となりうる存在

大統領就任直後にマクロンはG7首脳会議やNATO首脳会議に出席したが、統治経験のなさを不安視されていた新米大統領が格好の足慣らしをしたとして、この国際舞台へのデビューはあらゆる人々から好意的に評価された。オバマとケネディとカナダのトルドー首相をミックスした北米流の現代性と、巧みな自己演出、歴史の引用、決然とした意志とを掛け合わせたマクロンのスタイルは、国際舞台で華々しい効果を発揮した。

マクロンが歴史からの引用を試みていることは、二〇一七年五月二九日、彼がロシアのプーチン大統領とともにヴェルサイユ宮殿の〈戦いの回廊〉を歩いたときにもはっきりと表れている。

大統領府（エリゼ宮）の広報担当官たちは、大統領選挙の決選投票日の夜にルーヴル宮で行ったのと同じ演出をここでも施した。つまり、フランスの一五〇〇年にわたる輝かしい戦闘の歴史を描いた絵画で飾られたヴェルサイユ宮殿内の最大の部屋をマクロンとプーチンが並んで延々と歩き、その姿を映像に収めさせたのだ。

かつてロシアのピョートル大帝がヴェルサイユ宮殿を訪れ、当時七歳だった少年王、ルイ一五世に心奪われた。それからちょうど三〇〇年後、エマニュエル・マクロンはヴェルサイユ宮殿でロシアの皇帝《ツァーリ》の後継者であるウラジミール・プーチンと並ぶことで、〝少年王〟たる自分こそがフランスの歴史を受け継ぐ者であり、ヨーロッパの指導者となりうる存在であることをさりげなく主張したのである。

巧みな情報戦

同じようなもてなしは、二〇一七年七月一四日の革命記念日にトランプ大統領を賓客《ひん》として招いたときにも見られた。

そこでもマクロンは、第一次世界大戦へのアメリカ参戦一〇〇周年を祝う式典の開催にあたり、廃兵院《アンヴァリッド》の中庭にトランプ大統領を丁重に迎え入れ、細かな気遣いを欠かさなかった。だがその一方で彼は、プーチンとトランプ、この二人の指導者に屈することなく、彼らの機嫌を損ねる微妙な問題にも非難の声を上げている。そうした外交戦略について、マクロン自身が二〇一七年五月二八日付ル・ジュルナル・デュ・ディマンシュ紙のインタビューでこう概説している。

「アメリカとトルコとロシアの大統領は力を誇示して支配しようとするが、私には通じない。私は高圧的で侮蔑的な言葉に頼る外交をよしとはしない。二カ国間の対話の中でそうした言葉を浴びせられた場合は決して聞き流したりはしない。毅然と対応しなければ、尊敬されないからだ」

二〇一七年五月、マクロンはブリュッセルでトランプと、相手に引き寄せられることなくがっちり握手を交わした（この握手をめぐって専門家は、「マクロンの一種の自己主張」「続けていれば彼の圧倒的な勝利に終わったであろう力比べ」などと分析し、同じル・ジュルナル・デュ・ディマンシュ紙のインタビューの中で当のマクロンは、「決定的な瞬間」と形容した）。

だが一方で、とくに地球温暖化対策の国際的枠組み〈パリ協定〉からアメリカが離脱するという発表を受けて強い調子で同国を非難し、巧みな情報戦を繰り広げた。トランプの大統領選挙戦のスローガン「偉大なアメリカをとり戻す（メイク・アメリカ・グレイト・アゲイン）」をもじって「偉大な地球をとり戻す（メイク・プラネット・グレイト・アゲイン）」と英語で応酬し、もじったスローガンをSNSで全世界に広めたのだ。

同じようにマクロンは、ヴェルサイユ宮殿にプーチン大統領を招待して丁重にもてなしたことでロシアとフランスの関係を修復したが、そのときも彼は同国の人権問題――とくに「少数民族や思想、信条の異なる人々」の人権や、ウクライナやシリア情勢などの国際問題（および化学兵器の使用など）についてはっきり懸念を表明した。

国民議会総選挙の高い棄権率

こうしてエマニュエル・マクロンは大統領就任後の五月から七月にかけての数週間で、彼が大統領としてふさわしいことを国際社会に認めさせ、その存在感を印象づけることに成功した。その華々しいデビューは、ニコラ・サルコジ元大統領の就任当初を思い出させるものだ。

一見、共通点などないように思われるマクロンとサルコジだが、大統領就任後の一定期間は、どちらもフランス内外の政治に新風を吹き込んだ。二人は余裕たっぷりの態度で慣例に背き、既成の秩序や、ありとあらゆる物事に挑んだ。二〇一七年六月二五日付ル・ジュルナル・デュ・ディマンシュ紙のインタビューでグザヴィエ・ベルトラン［政治家。サルコジ政権のフィヨン内閣で労働大臣を務めた］は、「サルコジが大統領になった一〇年前と同じ現象だ。サルコジも人々を感服させるような堂々とした言動を見せ、新しいスタイルで政治を一新しようとした。社会党はすっかりノックアウトされてしまった。その後の成り行きは周知のとおりだ。政治で大切なのは、華々しく目立つことではない。継続することだ」と冷静に分析している。

ベルトランはまた、「エマニュエル・マクロンは確かに選挙に快勝したが、国民の熱狂的な支持を得たわけではない」と指摘し、「魔法の一部はすでに消え去った。国民議会総選挙の高い棄権率がその証拠だ」とも述べている。

首相に対する大統領の優越性を誇示

だが、マクロンはそんな指摘など、どこ吹く風だ。二〇一六年四月に政治運動〈前進《アン・マルシュ》！〉を旗揚げしたときと同じ自信、伝統的に大統領が演説を行う革命記念日（七月一四日）の前日にわざわざミュチュアリテ会館で政治集会を開催したのと同じ図太さ、経済大臣を辞職して大統領選に打って出たときと同じ決意を武器に、二〇〇七年のサルコジと同様、古い世界に歯向かおうとしているかのようだ。自信あふれる横柄な態度で、慣例や慣習をことごとく無視しようとしているように見えるのだ。

　これは一種の反逆なのか？　不遜なまでの自信の表れか？　とにかく、これまでの成果と大統領選での勝利に後押しされ、さらに、彼のささやかな〝政治版スタートアップ〟〈前進！〉《アン・マルシュ》が与党第一党に成長したことに力を得て、マクロンはフランス大統領として私たちを驚かせ続けた（もっともほとんどの場合、すでに公言したことを実行に移しているだけなのだが）。共和党所属の議員から首相を任命し、右派陣営に不和の種をまいたのもその一例だ。ちょうどサルコジがフィヨン内閣に左派のベルナール・クシュネル、エリック・ベッソン、ジャン＝ピエール・ジュイエなど何人かの「戦利品」を送り込み、左派のあいだに軋轢《あつれき》の種をつくり出したように。マクロンのこの横柄で居丈高なスタイルの背後には、権力を行使する喜びが潜んでいるのだろうか？

　彼は二〇一七年七月三日にヴェルサイユ宮殿で両院合同会議［通常は憲法改正案の採択など、特別な機会に招集される］を開催し、そこで演説を行うことを決めたが、この日は彼が指名したエドゥアール・フィリップ首相の施政方針演説が行われる前日だった。この事実に鑑みると、マクロンはやはり権力を振るうことに快感をおぼえているかのように思われる。確かに彼は、両院合同会議を毎年招集し、そこで大統領が国会議員を前に演説することを大統領選の公約に掲げていた。だが、その演説をわざわざ首相の施政方針演説の前日にぶつけてくるのは、首相に対する大統領の優越性を誇示する試みにも見える。

秘密主義

革命記念日（七月一四日）にテレビ放送されてきた恒例の大統領の会見をとりやめたことも、また、メディアなどほかの人が決めた約束事に従うのではなく、あくまで自分の都合に合わせて意見を述べようとするマクロンの意思の表れといえるだろう。そうした姿勢は、彼がジャーナリストを、彼のアドバイザーいわく「大統領の考えは（彼らには）あまりに複雑すぎる」という口実のもとに遠ざけていることにも反映されている。

つまりマクロンは、〝古い〟政治家と同じぐらいジャーナリストを毛嫌いしている世論に同調しており、できるだけ彼らから距離を置こうとしているのだ。マクロンは一見リラックスした雰囲気で記者たちに応対するが、その実きわめて秘密主義で、その点ではバラク・オバマを彷彿させる。

ル・フィガロ紙のロール・マンドヴィル記者は、「若さ、政治手法の変革への誓い、大統領の職務をこなす上での威厳と現代性の両立、大統領の公式肖像写真にスマートフォンを写り込ませるなど、細部に至るまで綿密に練られた広報戦略——フランスの新しい大統領には明らかにオバマ的な要素がある。もっとも本人は、影響を受けた人物としてド・ゴールやミッテランを挙げているが……」と書いている。

マンドヴィル記者はまた、オバマ前大統領もマクロンと同様、歴史を引用する傾向があり、好んで引き合いに出したのは、ここ最近の大統領たちよりもむしろリンカーンだったとも述べている。ル・フィガロ紙のアメリカ特派員だった同記者は、オバマとの類似点としてもう一つ、マクロンが大統領府（エリゼ宮）の執務室をレイアウトする際、窓を背にするようにデスクを据えたことに言及している。これはオバマ時代のホワイトハウス内大統領執務室（オーバルオフィス）のデスクの配置を想い起こさせる。

また、開け放たれた窓をバックに、デスクに背をつけて立つマクロンの公式肖像写真の構図は、二期目のオバマ大統領のそれと、奇妙なほどよく似ている。

さらに、口数を少なくすることで言葉により重みを与えるというマクロンの手法は、ともにジャック・ピランというアドバイザーに頼ったフランソワ・ミッテランとジャック・シラクの二人の元大統領の広報戦略を真似たものだが、興味深いことにマクロン同様、マンドヴィル記者が指摘するように、オバマも大統領付きの記者団と話すことを避ける傾向があった。その代わりオバマは、フェイスブックやグーグルを通じて国民に直接語りかけるやり方を採《と》ったのだが、その同じ手法をドナルド・トランプ（彼はツイッターを多用している）やマクロンも採用している。

自分が写る写真や動画をSNSで拡散

マクロンはとくに、自分が写る写真や動画をSNSで拡散することを好み、大統領府（エリゼ宮）の電話交換室にいきなり現れ、クールで茶目っ気のある大統領としてみずから電話をとる姿や、映画『トップ・ガン』のような空軍パイロットの飛行服を着てイストル空軍基地を視察する姿、さらにはル・テリブル号（戦略ミサイル原子力潜水艦）を視察するためヘリコプターから吊り降ろされる姿などを国民に披露している。ちなみに、四隻の戦略ミサイル原子力潜水艦の母港となっているブレスト港に停泊中の同号にマクロンが華々しく降り立つあいだ、彼が任命したエドゥアール・フィリップ首相は議会で施政方針演説を行っていた。

となれば、どうしても大統領任期中のサルコジと、彼の〝協力者〟だったフランソワ・フィヨン首相との関係を思い出さずにはいられない。つまり、権力の行使と指導は、第五共和政の諸制度の伝統に従いマクロンが担い、大統領が定めた方針を実行に移して実際に手を汚すのは、首相であるエドゥアール・フィリップの役目、というわけだ。

首相の施政方針演説当日に原子力潜水艦にヘリコプターから降り立つパフォーマンスは、マクロンが自分の権威や優位性を誇示しようとしている印《しるし》なのか？　いずれにせよ、ヴェルサイユ宮殿で開催された両院合同会議で国民議会（下院）と元老院（上院）双方の議員たちに直接語りかけようとする試みはマクロンにとって、アメリカの一般教書演説を手本にした形を採りながら、みずからの権威をアピールする方法なのだ。

それでも初夏までは、マクロンの手法も成果を上げたように見受けられた。

彼は就任直後の蜜月期間に支えられ、ほとんど宙に舞い上がっているような状態で、それこそ国民が食傷気味になるほど次々に「メッセージ性のある」映像や態度を世間にさらした。そして自分が国の最高権力者であることを太字で強調した。垂直方式《トップダウン》の権力行使と大統領の神聖性をアピールし、威厳のある大統領というみずからの像を彫ったのだ。

兵役に就いたことのない彼が、権限委譲の日には軍用ジープに乗ってパレードした。そしてその後は、シンボル的な意味合いを帯びたものものしい外交訪問や記念行事を次々にこなし、〈六月一八日演説〉〔一九四〇年、ナチス統治下のフランスからロンドンに亡命中のド・ゴールがBBCを通じて国内外のフランス人にレジスタンス運動を呼びかけた演説〕の記念日、ヴェロドローム・ディヴェール大量検挙事件〔一九四二年七月一六〜一七日に発生したユダヤ人大量検挙事件。パリとその郊外で約一万三〇〇〇人が検挙された〕記念式典、シモーヌ・ヴェイユの葬儀（マクロンはその際、ヴェイユ夫妻の遺灰をパンテオンに移すよう訴えた）といった機会に、厳粛な演説を行った。

救世主？

フランツ＝オリヴィエ・ジズベール［ジャーナリスト、テレビキャスター、作家］はル・ポワン誌で、「マクロンは救世主なのか？」と問いかけている（二〇一七年五月二四日）。

いずれにせよ、この若き大統領は精神科医のボリス・シリュルニク［第二次世界大戦中のユダヤ人一斉検挙を生き延びる。レジリエンス（折れない心）の専門家。著書に『憎むのでもなく、許すのでもなく——ユダヤ人一斉検挙の夜』（林昌宏訳、吉田書店、二〇一四年）など］が二〇一七年六月一七日付ル・パリジャン紙のインタビュー記事でいみじくも述べたように、国民のあいだに伝染した「信じるという病」に大いに助けられている。

「この現象は社会が痛手を受けたあとに生まれる。たとえば経済的な、あるいは軍事的な痛手などだ。社会は救世主の出現を信じずにはいられない。そしてその人物に望みのすべてを託す。社会には精神的な安らぎを与えてくれる〝パパ〟が必要なのだ」

だがシリュルニクは、「醜《みにく》い誹謗《ひぼう》中傷、憎悪をかき立てる政治家、彼らの問題発言に国民がうんざりしていることを、マクロンはうまく利用している」と指摘した上で、「伝染病の特徴は、たとえそれが〝信じるという病〟であれ、つねにいつかは終焉《しゅうえん》することだ」とも警告している。

同じような警告をフレデリック・ミッテランも発している。大統領選挙の決選投票日から三日後の二〇一七年五月一〇日付ル・フィガロ紙のインタビューで、サルコジ政権で文化大臣を務めたこのミッテラン元大統領の甥は、「フランス国民はエマニュエル・マクロンに惚れるだろう」と断言したのち、「愛の裏側にあるものに注意しなければならない、それは憎悪だ」と述べている。

リベラル独裁主義

ともかく、マクロンは大統領就任後の数週間、左右両陣営の「旧世界」の政治家たちの失墜に乗じ、国民がつくり出した誰の目にも明らかな愛の波にうまく乗った。

国民は、ニュース番組〈ル・プチ・コティディアン〉のカメラがたまたまとらえたマクロンの性質《たち》の悪い冗談も大目に見た。モルビアン県にあるエテル大西洋監視・救助センターを視察した際、「クワサ（コモロ諸島で使われている小さな漁船で、コモロ難民に利用されている）は、魚よりもコモロ人をたくさん運ぶ」と述べたのだ。いかにもサルコジが口にしそうな冗談だが、彼がいえば非難の嵐が吹きまくっただろう。それでも少しずつ、マクロンの言動の中に国民の反発を買うものが出はじめた。それまで威厳があると見なされてきた振る舞いは、次第に専横的なものとして国民の目に映るようになった。それらは大統領選で社会党の公認候補だったブノワ・アモンが「リベラル独裁主義」と形容した大統領の、肥大した自我の表れとも捉えられる。

加えて、苦しい公共財政や会計院の報告書が明らかにした八〇億ユーロの財政赤字（これにより四五億ユーロの歳出削減が必要となった）などに象徴される厳しい現実が、この若き不世出の大統領の前に立ちはだかるようになった。

マクロンに逆風が吹きはじめ、と同時に強権的な傾向も強まっている。それは国の財政赤字を減らすため、選挙公約に掲げていた減税措置を延期すると首相が発表したあと、マクロンが世論の反応を見て首相の言葉を訂正したことにもうかがえる。減税先送りが国民の目に一種の屈服として映っていると察したマクロンが、みずから手綱を握り直そうとしたのだ。彼は減税についてはまだ検討中とする一方で、財政赤字を減らすため国防費などの予算削減を発表した。

演説は反論の余地のない理想論

マクロンの専横的な傾向は、ヴェルサイユ宮殿で開催された両院合同会議のときの演説にも表れている。その日彼は、半円形会議場に居並ぶ国民議会と元老院の約九〇〇名の議員を前に、大統領としての基本的方針を伝え、「抜本的な変革への意志」を強調した。演説は改革を目指す意欲的な内容だったが、と同時に叙情的で一般論が多く、前任者たちに対する皮肉も鏤《ちりば》められていた（〝現実否認〟に終止符を打つ。サルコジ、オランド両大統領の統治下に見られた〝停滞、たちにこう呼びかけた。

あるいは騒乱の年月を断ち切る〟、云々《うんぬん》)。彼はさらに、選挙集会で見せた高揚した口調で議員たちにこう呼びかけた。

「私たちのそれぞれに冷笑的な考えが眠っています。そして私たちのそれぞれが、そんな考えを封じ込めなければなりません。〔中略〕そうすれば私たちは信頼されるでしょう」

この演説はまた、反論の余地のない理想論を並べたものでもあり、その中で彼は、「不毛な批判、机上の空論を振りかざす非建設的な反対意見」を非難し、「国を一つにまとめ」、フランス国民の「誇り」を取り戻し、「社会をより公正で効率的なものにし」、加えて「人類の課題」に取り組む強い意志を強調した。だがその一方で具体性に欠け、踏み込んだ発言をしたのは制度改革についてだけだった。

大統領として両院合同会議で毎年演説することを考えているマクロンは、この演説の中でも大統領選の公約にもとづき両院の議員定数を三分の一削減することを確認し、国民議会総選挙への比例代表制の導入や国会議員の任期制限にも触れた。

また、共和国法院〔政府構成員の刑事責任を審理する機関〕の廃止と司法官職高等評議会〔裁判官の任命と懲戒の権限をもつ機関〕の改組のほか、「秋に」解除予定の国家非常事態宣言に代わるとされるテロ対策強化法など「重要な法律」を、施行から二年後に評価するシステムの導入も発表した〔編集部注:二〇一七年一一月一日、非常事態宣言が終了〕。

国軍トップとの対立

もう一つ、大統領の強権的手法が問題となって緊張を招いた例として、国軍トップのピエール・ド・ヴィリエ統合参謀総長との対立が挙げられる。

国防予算の削減が発表されたあとの七月一二日に開催された国民議会の国防委員会で、ド・ヴィリエが歯に衣着せぬ言葉でこの措置を非難し、それがメディアに流出した結果、翌七月一三日、軍人たちに対して行った演説の中でマクロンが不器用きわまりない強い言葉でド・ヴィリエに応酬し、自分のほうが立場が上だとここでも強調したのだ。彼は、「ある種の議論をおおやけに垂れ流すのはほめられたことではありません」と述べると、こうダメ押しした。「みなさんのボスはこの私です。国民や軍に対する約束を私は守ることができます。そして、それについてどんな圧力もどんな意見も私には必要ありません」

マクロンのこの冷淡な言葉は評判が悪かった。それは軍部内のみならず、フランス国民のあいだでも同じだった。というのも、政治学者のジェローム・フルケが指摘したように[*2]、「テロ攻撃が相次ぐようになった二〇一五年以降、軍の人気が非常に高まっている」からだ（各種世論調査では、八〇〜九〇パーセントの国民が軍に好感を抱いている）。

結局ピエール・ド・ヴィリエは七月一九日に辞職し——彼はその二日後に大統領府（エリゼ

宮）に呼ばれていたが、それを待たずに退任した――、大統領に対する風当たりが強くなった。

現実を見据えた政権運営

今度という今度は、魔法が解けてしまったことがはっきりした。マクロンはありとあらゆる政治勢力を敵に回すことになった。新任の参謀総長とフロランス・パルリ国防大臣とともにイストル空軍基地を慌ただしく訪問したとき彼は、軍人たちの拍手が形ばかりのものであることに気づかないわけにはいかなかったはずだ。

私がいまこの原稿を書いている二〇一七年の七月末、マクロン大統領を取り巻く空気は確実に重苦しさを増している。七月二六日にロックグループ〈U2〉のリーダーのボノと女性シンガー、リアーナを大統領府（エリゼ宮）に相次いで迎えたことは嘲りの的となった。無理もない。何しろフランス南部では山火事が猛威を振るい、〈共和国前進〉所属の国会議員からも不満の声が上がっているのだから。マクロンがファーストレディーの地位を公的に定めることを検討している一方で［つまり公費で夫人に専属スタッフをつけようとしている］、議員が自分の家族を秘書に雇うことを禁じるのは不公平だと、お膝元の議員たちが怒りを表明しているのだ。いまや大統領就任直後の熱狂は色あせ、世論調査の支持率も下がりはじめている。まだ警報が鳴るレベルではないが、以前と違うことは明らかだ。

大統領にはそろそろ現実を見据えた政権運営が必要なようだ。ほかの人からの賞賛のまなざしを受けてつねに進化してきたエマニュエル・マクロンが、人々からそっぽを向かれたときにはたしてうまく対処できるのか、その手腕が注目される。

原注

【プロローグ　そして〝マニュ〟は夢を見た……】

1. 2017年1月17日に放映されたフランス2のテレビニュース
2. 2017年1月10日に著者が行ったインタビュー

【第1章　〝神の子〟】

1. 2017年1月13日に著者が行ったインタビュー
2. 2017年2月3日に著者が行ったインタビュー
3. 2017年2月3日に著者が行ったインタビュー
4. 2017年1月13日に著者が行ったインタビュー
5. 2017年2月16日付ロプス誌のインタビュー
6. XO社、2016年
7. それでもマクロンはこの会話の少しあとの2017年2月7日、パリのボビノ劇場で開催された選挙集会で同性愛の噂をユーモアを交えておおやけに否定した
8. 2017年1月10日に行った著者によるインタビュー

【第2章　マニュとマネット、「愛するのはあなただけ」】

1. 2017年1月26日に著者が行ったインタビュー
2. 2017年2月28日に著者が行ったインタビュー
3. 2017年1月17日に著者が行ったインタビュー
4. フランソワ・ミッテラン著『Ma part de vérité（私の真実）』（アラン・デュアメルによるインタビュー集）、1969年、ファイヤール社

【第3章　生きること、愛すること】

1. 2017年1月10日に著者が行ったインタビュー

2. エマニュエル・マクロン著『Révolution（革命）』より引用
3. 2017年1月20日に著者が行ったインタビュー
4. 2017年2月28日に著者が行ったインタビュー
5. 2017年2月28日に著者が行ったインタビュー
6. 2017年1月17日に著者が行ったインタビュー

【第4章　生涯唯一の女性、ブリジット】

1. 2017年2月28日に著者が行ったインタビュー
2. 2016年9月12日付〈Brigitte Macron :l'âge fait beaucoup à l'affaire〉（年齢が騒がれるブリジット・マクロン）
3. 2017年1月10日に著者が行ったインタビュー
4. 2015年、フラマリオン社
5. 2017年2月1日に著者が行ったインタビュー
6. 2017年1月9日に著者が行ったインタビュー
7. 2017年1月24日に著者が行ったインタビュー
8. 2016年12月30日に著者が行ったインタビュー
9. 2017年2月17日に著者が行ったインタビュー
10. 2017年2月17日に著者が行ったインタビュー
11. 2017年1月10日に著者が行ったインタビュー
12. 2016年12月30日に著者が行ったインタビュー
13. 2017年1月10日に著者が行ったインタビュー
14. 2016年4月14日付
15. 2017年1月31日に著者が行ったインタビュー
16. 2017年1月4日に著者が行ったインタビュー
17. 2017年2月28日に著者が行ったインタビュー
18. 2017年1月31日に著者が行ったインタビュー
19. 2017年1月31日に著者が行ったインタビュー
20. 2017年1月3日に著者が行ったインタビュー

21. 2017年1月31日に著者が行ったインタビュー

【第5章　エマニュエル・マクロンと文学】

1. 2017年2月16日付
2. 2016年9月2日付
3. スイユ社、2000年
4. 2017年1月20日に著者が行ったインタビュー
5. 2017年1月14日に著者が行ったインタビュー

【第6章　人を魅了する力】

1. 2017年2月28日に著者が行ったインタビュー
2. マルク・アンディウェルド著『L'Ambigu Monsieur Macron（曖昧なムッシュー・マクロン）』より引用
3. プロン社、2016年
4. 2017年1月26日に著者が行ったインタビュー
5. 2017年1月28日に著者が行ったインタビュー
6. 『L'Ambigu Monsieur Macron（曖昧なムッシュー・マクロン）』より引用
7. 2017年2月16日付
8. 2016年12月30日に著者が行ったインタビュー
9. 2017年1月13日に著者が行ったインタビュー

【第7章　代父と兄たち】

1. 2017年1月26日に著者が行ったインタビュー
2. 2017年1月9日に著者が行ったインタビュー
3. 2017年1月26日に著者が行ったインタビュー
4. 2017年1月6日に著者が行ったインタビュー
5. 2017年1月24日に著者が行ったインタビュー

6. 2017年1月9日に著者が行ったインタビュー
7. ストック社、2016年
8. 2017年2月28日に著者が行ったインタビュー

【第8章　“システムの申し子”の家族風景】

1. 2017年1月26日に著者が行ったインタビュー
2. ロベール・ラフォン社、2010年
3. プロン社、2012年
4. 2017年1月26日に著者が行ったインタビュー
5. ファイヤール社、1982年
6. 2017年1月24日に著者が行ったインタビュー
7. マルティーヌ・オランジュ著『Rothschild, une banque au pouvoir（ロチルド、権力をもつ銀行）』、アルバン・ミシェル社、2012年
8. 『Rothschild, une banque au pouvoir（ロチルド、権力をもつ銀行）』より引用

【第9章　社交界とセレブたちとの交流】

1. ラシュペル社、2017年
2. 2016年12月30日に著者が行ったインタビュー
3. 2017年1月24日に著者が行ったインタビュー
4. この点に関してエマニュエル・マクロンはニコラ・サルコジが以前主張していたのと同様、「自分から雑誌に売り込んだわけではないし、売れてしまうのは自分のせいではない」と説明している
5. 2017年1月9日に著者が行ったインタビュー
6. 2017年1月10日に著者が行ったインタビュー
7. 2017年1月9日に著者が行ったインタビュー
8. 2017年1月9日に著者が行ったインタビュー

【第10章　政界の未確認飛行物体（UFO）】

1. 2017年2月28日に著者が行ったインタビュー
2. リブレリー・ジェネラル・フランセーズ社、1993年
3. 2017年2月28日に著者が行ったインタビュー
4. 2017年2月28日に著者が行ったインタビュー
5. 2017年2月28日に著者が行ったインタビュー
6. 〝クロノス〟とは異なり、〝カイロス〟は僥倖《ぎょうこう》の時間だ。聖書においてそれは典型的な神の時間とされ、そのとき贖罪《しょくざい》の化身を通じて神が決定的な介入を果たす。事典『ラルース』はカイロスを、踵《かかと》と肩に翼が生えた青年に象徴される好機の寓意《ぐうい》として定義している。カイロスは偶然に従いながらも絶対性に結びついた、つかの間ではあるが重大な一瞬だ。カイロスはそれを把握する術《すべ》を知らなければ何の意味もない。その術とは、私たちの中にある好機をつかむ能力や感覚である。
7. 2017年1月27日に著者が行ったインタビュー
8. 2017年1月26日に著者が行ったインタビュー
9. 2017年1月17日に著者が行ったインタビュー

【エピローグ】

1. 2017年3月2日付

【追記　若き成功者としての大統領】

1. ル・フィガロ紙、2017年6月13日付
2. ル・フィガロ紙、2017年7月20日付

[著者紹介]
アンヌ・フルダ(Anne Fulda)
1963年生まれ。パリ政治学院卒業。
フランス「ル・フィガロ」紙のベテラン政治記者。1991年から同紙でジャーナリストとしての活動を始め、テレビ「France2」「France5」「カナル・プリュス」、ラジオ、雑誌、書籍等で積極的に活動を展開する。同書は4冊目の著書となる。

[訳者紹介]
加藤かおり(かとう・かおり)
国際基督教大学教養学部社会科学科卒業。
訳書に、ギ・ソルマン『幻想の帝国――中国の声なき声』(駿河台出版社、共訳)、ジャック・アタリ『いま、目の前で起きていることの意味について――行動する33の知性』(早川書房、共訳)、ガエル・ファイユ『ちいさな国で』(早川書房)など。

エマニュエル・マクロン
フランス大統領に上り詰めた完璧な青年

2018年4月1日　第1刷発行

著　者　アンヌ・フルダ
訳　者　加藤かおり
発行者　長坂嘉昭
発行所　株式会社プレジデント社
〒102-8641 東京都千代田区平河町2-16-1
平河町森タワー 13F
http://president.jp　http://str.president.co.jp/str/
電話　編集(03) 3237-3732
販売(03) 3237-3731

編　集　渡邉 崇
販　売　桂木栄一　高橋 徹　川井田美景　森田 巌　遠藤真知子
末吉秀樹
装　幀　秦 浩司(hatagram)
制　作　小池 哉
印刷・製本　中央精版印刷株式会社

 ISBN 978-4-8334-2275-8　Printed in Japan